HOPE

ひとりでは割れない殻でも
みんなとなら溶かせる

HID BOOKS

困難や災難は
それを乗り越えられる人間の目の前にしか
現れない。

そんなもんは
人間様が勝手にこじつけた
なんの根拠もない妄想だ。

それが目の前に現れれば
誰だって苦しいし
誰だって悲しいし
誰だって困惑し
誰だって悩むし
誰だって壊れそうになる。

乗り越えられる人間の前に現れるのではなくて
それを越えられた人間が
越えた「後に」それを真実として語るからこそ

困難や災難は
越えられるものだと
盲信するだけだ。

だからこそ
乗り越えた経験が語られる時。

人は
それを「希望」と呼ぶ。
それを乗り越えようとする
人間のエナジーも
その先にある「希望」を見つけることができて初めて
生まれるに違いない。

CONTENTS

HOPE 1 マネーという困難 …… *5*

HOPE 2 偏見という困難 …… *23*

HOPE 3 経験という困難 …… *37*

HOPE 4 別れという困難 …… *59*

HOPE 5 人財という困難 …… *87*

HOPE 6 覚悟という困難 …… *139*

HOPE 7 後継者という困難 …… *177*

HOPE 8 燃失という名の困難 …… *207*

HOPE 9 再出発という名の困難 …… *229*

HOPE1
マネーという困難

2004年春。
俺は自分の学校を手に入れた。
手に入れたってよりは
自分でつくっちまった。

思いついてから
構想10年。
「作れるかもしれないなあ」や
「作れたら最高だなあ」ではなく

「必ず作る。っていうか作れる。」って
断定していた。

もちろん
俺一人の力ではない。
俺の「妄想」を信じ、ある意味騙されてくれた
愛すべき仲間たちと共に
誰もが「無謀」だと言ったものを
「夢望(むぼう)」に変えた。

本当に嬉しかった。
10年考えてきたことが
「夢物語」で終わることなくリアルなものとして
目の前に現れ
そしてそこに自分自身が生きていることが
幸せで仕方がなかった。
かといって
すべて順風満帆なわけがない。

教員を辞めて3年。
ショットバーを経営しながら
なんとか食い繋ぐので精いっぱいの極貧生活。
貯金は当然あるはずもなく、それ以上に

多額の借金も抱えていた。

独立を決意する為に
物欲を満たすことでそれを確かめたかったアホな俺は
26歳で家を建て
外車を2台購入した。
多額の借金を背負うことになった。
それを返済するためには
生徒が集まるかどうかもわからん学校を作るより
定期的に給料がもらえる
教員を続けたほうがいいんじゃないかと
自分自身に問うてみたわけだ。

「4000万円の借金」と「自分の目標」

この二つを天秤にかけて
ガタンガタン
心の中で試した時間はわずか3日だった。

4000万近い借金があったが
「金はいつか返せばいいや」と思えた。
それよりも
自分が気がついてしまった「イキカタ」を
選択したくて仕方がなかったし
そうしないと自分の気持ちのおさまりもつかなかった。

そもそも
ここから「金」にまつわる困難が
頼んでもないのに
俺には常に付きまとうことになった。
まあ、今も変わらないけど。

「人生は金じゃない！」などと
なんの根拠があってか豪語する人がいるが

少なくとも俺はその部類ではない。
お金は大事だしあればあるに越したことはない。
というより
ちょっと欲しい。
いや、できるだけ欲しい。
できればたくさん欲しい…

しかし
なんでお金に対するダーティーなイメージがこうも浸透しているんだろうと
俺は不思議に思っている。

これだけ金が基本の社会に生きながら
そのお金を否定してなんになるんだろうって。
自給自足だなんて言って
自分の食料を作って食べることに困らなくすることは
可能かもしれない。

でも
それだけでこの近代社会を生き抜くことなんてできない。

風邪をひいたらどうする？
歯が痛くなったらどうする？
とんでもない怪我や
想像もできなかった病に侵されたらどうする？
電気や水道代はどうする？
寒さはどうしのぐ？
服がボロボロになったらどうする？
どうしても遠方に行かねばならない事態が起きたらどうする？
子どもが生まれる時はどうする？　…まさか自分で取り上げないだろう。

贅沢をせずとも

生き抜くためには多少の金は必要。
そんでもってさらにお金に余裕があれば
旅行に行ったり
書物を買ったり
おしゃれをしたり
車やバイクを買ったり
人間の幸福にまつわるものに
触れる機会は圧倒的に多くなるはず。
それを拒む人間などいるはずがないと思っている。

それでも
「人生は金じゃない！」と豪語するならば
その根拠を教えてもらいたいもんだ。

それだけお金は大切なものだとわかりながらも
金にならないような生き方を選択することもあるってことだ。

わざわざ貧乏な人生を好き好んで選択するバカはいない。
清貧とは
言い訳だと思う。
そうなれない自分をいたわる為の言葉だって
10年間これまた酷い生活をしてきた俺ならば
声を大にして言える。

皆、豊かな生活をしたいんだ。

「したいと思いながらもできない」のと
「したくもないけどできない」とでは大きく違うってこと。
無理しちゃならんと言うことだ。

学校を開校してから2年間は
本当に給料などスズメの涙も羨ましいほどだった。

年収24万円。

あくまで学園からもらう給料だが
ひと月2万円がいいところだった。
そりゃそうだ。
1年目は生徒なんか来るはずないと思っていた。
できるだけ準備を綿密にやって
広報活動や行政などとのネットワークも
生徒がいない間にガツガツやっちまうつもりだった。

でも
嬉しいことに1年目から生徒が入学し
それどころではなくなった。

まあ、俺はその覚悟で始めたからいいけど
それに乗ってしまった
うちのスタッフたちはたまったもんじゃない。

どんな理由で
1ヶ月働きづめで
2万円もらって喜ぶ奴がいるんだってことだ。

喜んじゃいなかった。
こんな給料でも俺たちはやってんだぜ！　なんて
誇らしくも思ってなかった。
ひもじかったし
情けなかった。
カウンターで強引に「作れ」と誘われた
某レンタルショップの会員カードのクレジット機能付き。
向こうが頼んでおきながら
審査で落とされた時のショックは
一生忘れないだろうな。
クレジットカードの承認がおりないほどの
極貧生活を送っていたチームだったが
やっていることの

「金には変えられない価値」だけは
はっきりと共有していたのかもしれない。

だから誰も辞めなかった。

だって他で働けば
十分給料はもらえる人財たちだったし。

だから俺たちは
ダブルワークというカタチで
その貧困と闘い続けた。

「てめえの食いぶちはてめえの力でなんとかする。」

これが合言葉。

NPOで食っていくなんてことは
並大抵のことじゃない。
仕事はハードなくせに給料は激安。
だから理念はあっても
志はあっても
残念ながら生活が困窮してくれば
NPOという仕事は捨てるしかない。
極端な事を言うと
社会貢献など
ちゃんとまんまが食える奴が余力でやるべきだ。
誰かに養ってもらいながら
社会貢献やっているなんぞチャンチャラおかしい。

金がないならその方法を考えればいいし
方法が思いつかないなら
人の倍働けばいい。
ただそれだけだと俺は思っている。

苦しみが分かち合えないのであれば
悲しみが分散できないのであれば
2倍あればいいじゃないか。
2倍あることを認めればいい。

その2倍を
何倍もの信頼と愛情と情熱でひっくり返す。

俺たちがやりたかった
「サムライフ」というイキカタはそういうイキカタだったから。

運営から経営に。
今、NPOに求められているのはそういう理念だと思う。
それぞれの役割や使命感は
確かに立派かもしれない。

ボランティアイズムで突き進むのも
悪いことじゃない。

しかしNPOとしての役割は
社会サービスの中の
欠けたワンピースを埋めること。
ゆくゆくは
NPOが担うような仕事がなくなる社会
つまり
人々が困難を生じるような問題が
社会から消えることが
NPOの目指すところなんで
かなりジレンマを含んだ使命感であることも確か。

そして
そんな社会が実現するのは
ちょいと時間がかかりそうだということを

予測するのは容易。
だとすれば
それまでの間
そのNPOとしての使命感を抱きながら
活動し続ける「プロフェッショナル」にならねばならない。

プロとアマの違いは
その技術や能力に「対価」がつくかどうか。

金を取れる仕事人として
ずっと働き続けるってことが重要。

個人としての意識もそりゃ重要だが
組織として
抱えるプロたちに
安心して生活できる
仕事に打ち込める「対価」を保障できるかどうかってことだ。

想いによる犠牲で
ある程度の期間「運営」はできるだろう。
でも
犠牲を払いながらの「運営」は
そう長くは続かない。

それでも
そんな「運営」が美徳だとする理念が
王道になったら
この国のNPOは本物にはならんと思う。

そう考えていたから
一瞬たりとも
経営に盲目になったことはなかった。

ミッションと共に

どうやったらお金が手に入るのかを
頭が悪いなりに考えまくる日々が続いたことは確かだ。

開校１年目の年度末。
学園の通帳の残高は１０万円を切っていた。

「せんせ。来月の家賃払ったら終わりますけど。給与どうしま
 す？」

総務を任せていたエンドウが
淡々と告げた。

「マジで。………」

何一つ無駄遣いなどしていなかったし
給与だって５人で１０万がいいとこだったし。

経費としては節約節約カツカツでやっていても
ないものはない。
収入は限られているんだから当たり前だ。

唯一
書籍の売り上げを俺が寄付する形で
学園に入れていたが
書籍もそんなに売れなくなっていた。

断崖絶壁に吹く突風。

それを耐えしのぐ
俺たちができる最大の努力を見つける為に
ああだこうだと話し合いばかり続けていた。

❶マネーという困難

そんな最中

「やっぱりさ、うちの学園を知ってもらわなきゃはじまらんよね?」
「生徒集まらなきゃ存在意義ないし。」
「たくさん人集めて、たくさんの人に知ってもらう機会をつくればいいんじゃね?」
「そこで学園に対する寄付募ったらどうかな?」
「そんじゃめちゃくちゃ集めなきゃならんね。」
「有名人じゃなきゃダメだね。」
「有名人って呼ぶのに金かかるよね?」
「そうだなあ。」

チーーーン。

まあ、普通は
そこで議論は終わるんだろうけど
うちのチームは終わらない。

「入場無料にするべ。そしたらたくさん集まる。」
「入場無料でやるんだっていうことをわかってくれる優しい懐の大きな有名人呼ぼう。」
「それも今かなり旬な人ね。めっちゃ人集まる人。」
「いいねいいね。そうしようそうしよう!」

なんのコネクションも金もないくせに
そういう話し合いだけは何故か盛り上がったし

「なんとかなるんじゃね?」

と思えたことも確か。

思えば実現する。

そうかもしれない。
思うこと
イメージすることから「行動」は始まる。
その結果
物事ってのは「組み立て」が始まるんだと思う。

当時。
テレビで
ある「元教師」の活動が
話題になっていた。
その先生の本もベストセラーになっていて
誰もが一度は耳にするぐらいマスコミで騒がれていた。
その先生の活動自体も
俺たちの活動とリンクしていたし
講演会はどこの会場も超満員だっていう噂もキャッチした。

「あの先生。呼ぼうぜ。」

俺が発したその言葉から間もなく。
本当にその先生の講演会は
最大の貢献者であるアキヤマさんのご尽力と
様々な方々のご協力により
実現することになった。

ポスターやチラシは自力で作り経費削減。
行政にずうずうしく企画を提案しに行き協力要請。
広報の協力や会場費の減免を気合で取りつけた。
ここでのポイントは
市長直々にアポイントを取ることだった。
各部署にお願いに上がったところで担当者が興味なかったら
一蹴されて終わり。
さらに行政ってところはとにかく時間がかかる。
俺たちには時間がなかったから一番手っ取り早い方法を考えた。

秘書課に電話をして
市長にお話しする時間をとってもらうようにお願いする。
この時、事前に要望書を送っておくと話は早くなる。
NPOっていう看板が役に立った一番最初のことかもしれない。

市長室には要望書に関係する各部署の担当者を
大体呼んでおいてくれるものだ。
俺の場合は要望書に「呼んでおいてほしい」と一文つけたが。

とんとん拍子で話は進み
市民を無料招待できる取り組みとして
市の後援と文化支援事業としての助成として
1300人収容できる市民会館を減免格安で借りることに成功した。
それも後払い。

あとは当日。
本当に人が集まってくれるかどうかだけだった。
わずか5人のスタッフと
10人の理事にもお願いをして
会場準備や当日の役割分担についてもらった。

体調不良が報道されていた講師の先生から
「もしかしたらその日まで俺は持たないかもしれない。」
なんていうことを言われていたので
当日も内心ひやひやしていた。

その先生の講演会は
前日から会場に長蛇の列ができるなんて噂もあって
その準備も抜かりなくした。
でも
当日の朝。
会場には5・6人しか並んでおらず

開場1時間前になっても5・60人が列をなす程度。

「あれ？　もしかしてこれドボン？」

誰もが集客の失敗を確信していたし
こんなに少ない集客で講師の先生が怒りやしないかと
段々ピンチになっていく俺がいた。

ましてや
当の講師の先生も時間になっても会場に現れなかったし。

頭を抱えながらも
じっとしていられない俺のトランシーバーに
罵声に近い声が入ったのは
開場10分前のことだった。

「理事長！　どうすんだ！　何人まで入れる!?」

「何人まで入れるってさ…全員入れてよ。」
そう力なく言うと

「何言ってんだよ！　外に来てみろ！　スゲーことになってんぞ！」

そう
俺たちは「上田時間」をなめていた。
田舎特有の時間感覚なのか
この地域の人々は葬式以外は
開始時間に家を出る。

イベントの10分押しは当然想定内。

会場の外に出た俺の目の前に

人々の湖が広がっていた。

「マジか！！」

その行列は市民会館がある上田公園を飛び出し
500メートルは連なっていた。

嬉しい悲鳴を飛び越し
「これ絶対入らねえぜ…」
新たなる不安が襲いかかってきたのは言うまでもない。

結局1600人は強引に会場に入ってもらったが
800人近くのお客さんには
「もうこれ以上入れませんので」
と言ってお断りすることになってしまった。

「おい！　ふざけんなよ！　入場制限あるなんて書いてなかったぞ！」
「どこから来ていると思ってんだ！　岐阜だぞ岐阜！」
入れなかった方々から強烈なクレームを受けながらも
笑顔で頭を下げ続けてくれた理事のみんな。

そんなパニック状態の中
悠々と10分前に到着した講師の先生は
その光景を見るなり
「ステージにも人をのせればいいんじゃないか？」
なんて暢気な事をおっしゃるし。

まあ、とにかく
そんなバタバタ劇ではあったけれど
無事に講演は超満員の会場でスタート。

感動的な講演のあと
先生から学園への支援のお願いをして頂き

俺もステージで頭を下げた。

「この講演はM先生のご厚意により
　皆様に無料でお聞きいただくことができました。
　もしも、この企画の趣旨にご賛同頂ける方は
　パンフレットに添付されている封筒にご意見と
　お気持ちで結構ですのでご寄付いただければ幸いです。」

ここに
すべての経営ミッションが隠されていたわけだ。

有料チケットを販売すれば
それなりに収益は見込めるだろうが
有料ってだけで気持ちは遠のくのが人間だ。
チケット作成料や販売する為に生じる経費も出る。
そもそも
まずは集まってもらうことが先決で、その為の無料講演だった
わけだ。
絶対に話を聞けば
俺たちの活動にも関心を持ってもらえるはず。
そこで支援をお願いすれば
間違いなく寄付してくれる人は多いはず。

そう考えた俺たちは
アンケート用紙を印刷した
激薄の茶封筒をパンフレットに添付しておいた。

「うちの学園は本当に資金難でして
　ちゃんとした封筒もご用意できませんでした。
　とても破れやすい薄い封筒です。
　折角の皆様のご厚意が破れ落ちてしまう可能性があります。
　是非とも硬貨でなくて紙幣をお入れくださいますようお願い
　いたします。」

なんてお願いを付け加えたら
会場は大ウケ。

出口に募金箱を持って
「アンケート回収お願いします」と呼びかける。

次々と
募金箱に封筒が投げ込まれていった。

それも
みなさん
「いい講演会ありがとうね。」
「応援するよ、頑張ってね。」
と
本当にいい顔をしながら帰られていった。

その姿を見ながら
「もう金のことなんてどうでもいいや。」
なんて思っていたけど。

結局
ほとんどの方が寄付をしてくれていて
総額80万円を超えていた。

「来月の家賃。払えますね。」

なんとも嬉しそうで
とても優しい顔でそうつぶやいた
エンドウの顔が今でも忘れられない。

こうして
断崖絶壁に吹いた突風をアゲンストとして利用し
俺たちは明日という名の空に舞い上がることができた。

まあ、不安定な
低空飛行だったにせよ。

この無謀ともいえる企画から
一気に学園の知名度は上がり
入学希望者や相談者の数が多くなったことは言うまでもない。

お金というわかりやすい目標を持ちながら
企画したことだったが
結局
金稼ぎだけに執着しなかった結果
さらに大きな収穫と
そして
目標だった「資金調達」も実現した。

お金は必要。
でも
金だけを見つめながら
ケチケチと道なき道を行くと
間違いなく
道に迷い
道を外れ

人がいない場所に辿り着く。

そうしない生き方に
俺たちは大きな「希望」を持つことになった出来事だった。

HOPE2
偏見という困難

今となっては笑い話になるが
開校当初。
ナガオカ本人および学園自体、本当に怪しまれていた。

怪しまれないほうが不自然。

主宰の俺は30歳。高校教師中退。
それを支えるスタッフは20代未経験。
学園の名前は

「侍学園スクオーラ・今人」

そんでもって

「NPO」

地域の皆様にとってみれば
すべて
「なんじゃそりゃ」のオンパレード。

さらには
学園に集まってくる生徒たちは
「不登校」「ひきこもり」を経験した
子どもや青年たちだというくくりが
勝手にできあがっていて
それだけでも大きな偏見を持たれていたに違いない。

違いないというのは
不思議と直接的な攻撃を受けたことがなかったから
推測にすぎないという意味だ。
逆に
直接的に攻撃することにも躊躇するぐらい、怪しかったという
説もある。

まあ、そりゃそうだ。
私財や今までの経歴を捨ててまで
ゼロから学校をつくる奇特な人間など
この世にいないだろうと思われるのは自然だ。

「絶対に裏がある」
「バックに宗教団体が絡んでいるに違いない」
「新たなるカルト集団か？」

オブラートに包んだ状態で届けられたが
うちがどんなふうに思われていたかは多少耳に入っていた。

「ナガオカさん。あなたは何故、学校を作ったのですか？」
「何故、教師を辞めてしまったのですか？」

この質問は
間違いなくどこに行っても投げかけられる。
その説明に最低5時間はかかるので
本を書いたんだけど
読んで頂いていない方がほとんどなんで
再度説明する必要がある。

俺は自分が生かされていることに気付き
それをまともに「使命」として全うして生きようと決めている。
もう自分で決めたの。
決めたからぶらさない。
ぶらしたら生きていく「理由」が見つからない。

生きることに理由なんてない。

死を望む人々に俺はそう答える。
この国には
「生きたいのに生きられない」人々がいる。
それも数百万人単位だ。

いつ自分の命が奪われるかもしれない極限状態の中で
それでも「生きたい」と強く願う人々。
どれだけ医療が進化しようと
生まれてから死に向かう「生命の宿命」に
逆らうことなどできない。
100歳で老衰大往生なんて人生を送れる人がどれだけいるんだろうか。
ほとんどの人々が
理不尽に、そして暴力的にその日を迎えるが
その日がいつ来るのか知らされないからこそ
笑って生きていることができたりする。

しかし
余命を宣告されるってことは
その日を告げられ
それを意識しながら生きなければならないってこと。
これがどれほど苦しいことか。
それに近い経験を持つ俺には
それがよくわかってしまっている。
だからこそ
今ある命を全力で燃やす必要があるってことも
自然に思えたりする。

それさえ
意識できない幼い子どもたちも
必死で生きようとしている現実がある。

職業柄
そういう現実とも向き合わねばならない。
これほど辛い現実はないって
様々な生き地獄を目の当たりにしてきた俺でもそう思う。

ベッドで産まれ

ベッドで死んでいく命。

小児難病を抱える子どもたちは
生まれたその病院から出ることなく
短い人生を終える。

あの子どもたちは

空を見ることがない。
車や電車や飛行機の存在を知らない。
おもちゃや遊園地の楽しさも
マンガやアニメの面白さも
そして
愛すべき母親の顔や父親の声
肌のぬくもりを知ることなく
この世に受けた命に終りを告げる。

それでも
小さな手足を動かし
必死で呼吸し
子どもたちは生きようとしている。

もしも
生きることに理由があるなら
あの子どもたちは何を理由に生きればいい？

楽しみも喜びも面白さも感動も
全部ない子どもたちに
あなたの生きている理由はなんですか？
などと聞けるかって話で。

そんなもんなくても
理由なんてなくても
人は生まれたらその日がくるまで生きるだけ。

生まれる時も暴力的に生み出され
命尽きる時も暴力的に奪われる。

どちらも俺たちに選択権はない。

でも
その間の「イキカタ」だけは
自分たちでどうにでもなる。
俺はそう思って生きている。

一方で
「生きたいのに生きられない」人々がいて
その最悪な結果として
自死者が年間3万人を超えるのがこの国の現状。

生き苦しむ人々からの悲痛なメッセージを受け取る時
それでも
俺たちは生き続けなければならないし

生きていくことに理由なんてない。

そう言い続けるしかない。
俺自身の生きていく理由は
一度諦めた命を続けていくと決めた
あの日の決意にある。

その決意は
命を諦めようとしている人
自分の未来を
自分の明日を諦めようとしている人々に
このシンプルな「イキカタ」を
ちゃんと伝えていくことだと思っている。

だから
可哀想な子どもたちを預かる学校じゃない。
弱者を守るための学校じゃない。
不登校や引きこもり専門学校じゃない。

この学校に入学する生徒の中にも
過去に不登校や不全状態及び社会的引きこもり状態にあったり
社会的弱者であったり
治療が必要な病と闘っている状態であった者もいれば
会社を辞めて入学する者
働きながら通ってくる者もいる。

過去はどうであれ
ここに集う生徒たちは
「明日を諦めず
　自分の成長を自ら求め
　生きるを学ぶ覚悟がある者」たちであることは間違いない。
ただそれだけだ。
なんら特別でもなければ、可哀想でもなければ、大変でもない。

だからこそ
俺たちが作った学校は
「生きるを学ぶ」学校であるということを
伝え続ける必要があるんだ。

サムガクでは様々な企画を立てては実行してきた。
それは
この学校が普遍的なものであることを広げる為でもあったし
ここに通う生徒たちが誇りを持てるような学校にするプロセス
でもあったし

さらには
なんの脱線もせず

シアワセな人生を送っている人が見ても
「あの学校に通ってみたいなあ。」
「サムガクヤバい！　楽しそう！！」
って思ってもらう「学び舎」にしたかった。

その為にも閉鎖的な運営ではなく
(残念ながらこの国のフリースクールと呼ばれる施設や居場所
は、閉鎖的なところのほうが多い。)
誰にでも「学び」を提供できる学校にする必要があった。

「学園祭をやろう。」
生徒数わずか3名。スタッフ6名の学校の学園祭。
誰もが考えないことだろうけど
俺の構想にはばっちり色濃くあったものだったから
開校初年度にもそう提案した。

「この学校を支えてくれている方々。そして地域の方々。
　この学校に興味がない人でも訪れてくれるお祭りをやろう。
　それが一番、抱かれている偏見を解くカギになるはずだ。」

俺はそうスタッフ会議で熱弁した。
とはいえ
生徒も毎日通ってこれる奴などおらず
実質スタッフが中心になって、学園祭を企画運営しなくてはな
らないことは目に見えていたが
まあ、お祭り好きが集まったというか
いつまでも「生徒気分」が抜けないメンバーばかりだったので
提案には全員賛成。

開催は1日として
1日の流れを決めていきながら催しを考えるって方法をとった。
それでもテーマは絶対に必要。

なんのために学園祭をやるのか。
そして
何を表現する学園祭にするのか。
これが決まってなければやりようがない。

高校教師時代。
ある意味「学園祭」にかなりの力を注いだ経緯があった。
一つのことをみんなでやり遂げる達成感と
そのプロセスで生まれる一人一人の成長や気付き。

集団の中でないと人は成長しない。

という
俺の中での「共育論」の柱となるメソッドが
学園祭運営の中にはたくさん入っていた。

そのメソッドを中心に
サムガクスタイルに仕上げる為には
大きな柱を決めちまえばいい。

「一年一国知」
1年に一つの国を知ろう。
他者を受け入れることができないから
社会という大きな集団も受け入れられないので孤立する。
そんな経験を持つ生徒たちにとっても
地域の方々への学びの提供という観点においても
異文化理解を中心に据えるのはサムガクの活動趣旨からぶれて
いないと判断した。

そして
1年目は
他国ではなくこの国の地域に絞ろうと言うことになり
18歳から25歳まで俺が毎年通い続けた「沖縄」をテーマにした。

あの大戦において
唯一、白兵戦が行われて
軍人はもちろんのこと、多くの民間人が犠牲となり
本土への上陸を阻止した島。

今の困難を考える時
あの大戦でなんの罪もなく散って逝った多くの命のことを
忘れちゃならないと思っている。
あの大戦でこの国は多くのものを失い、反省し
世界で初めて戦争を放棄することを誓った国だ。
まだ償えない罪もあるだろうが
新しい世代は新しい風を吹かさなくてはならない。
命を礎に手に入れた経験をもとに
本当の平和を提唱し続ける「地球人」であらねばならない。
まあ、大きな話にはなってしまうが
それでも
そういうことをしっかりと発信していける学校でありたかった。

生徒たちも俺たちスタッフも
できる限り「沖縄」を調べ、知ろうとした。
そして
そこで得た新しい発見を教材として
来場下さる皆さんにご覧頂くのが展示のメイン。

ステージでは特別講演を企画。
あの地上戦を生き抜いた「千鶴子」さんをお招きし
戦争の悲惨さ
平和の大切さを語ってもらった。

オープニングを飾って頂いたのは
ここ信州で活躍する
エイサー太鼓の方々にお願いし

ド派手なオープニングに。

模擬店では
生徒たちがサーターアンダギーを揚げ
ご支援下さっている飲食店のオーナーの皆さんが
模擬店ならぬ「本気模擬店」を切り盛り。

とにかくご来場いただく皆さんに
楽しんでもらうことだけを考え、準備・運営した。

当日。
予想をはるかに上回る
300人を超える方々が来場。
初めて人で溢れかえる校舎を見た時
一つのハードルを越えた気がした。

ご来場頂いた方々に挨拶して回ると

「よかったね。いい学校になった。」
「ようやく学校らしくなってきたね。」
「こんな学校だとは思わなかったよ。また遊びに来るね。」
と、初めてお会いする方にも嬉しい言葉を頂戴した。

来場してくれた
一人の杖をついたじいさんの話が
今でも印象に残っている。

「おい。この学校は俺でも入学できるのか？
 俺は戦争に行っていて中学も出てない。
 今更だと笑われるかもしれないけど、勉強したい。
 今は独学で英語を勉強しとる。
 学びたい気持ちはいくつになっても
 いや、年をとればとるほど強くなるもんだわな。
 ここなら通ってもいいかなって思ったよ。」

新しいことを始める時。
当然「信用」もなければ「信頼」もないし
どちらかといえば、怪しまれ「偏見」を持たれる。
時には誹謗中傷に負け
途中で倒れてしまうこともあるだろう。

それぐらい
今までにないものを「普遍」にすることは
容易ではないってことだ。

でも
大切なのは
自分たちが正しいと思ったことを
曲げず
ぶらさず
信じ抜いて
続けること。

そして
奢らず
偏らず
決していいことをしているなどと錯覚せず

誰かの為に勝手にやっている
そう生きていることだけで丸儲けって
思えることが大事なんだと思う。

俺たちの学校は
「進化」し続ける為に
「成長」し続ける為に

常に未完成でありたい。

フラフラせずに
自分が構えた城の真ん中に居続ければ
間違いなく人はそこに集まってくるはずだ。
集まった人々に最高の愛情を注げれば
最高の生き方を
最高の言葉で伝えていれば
間違いなく
人はそこを「学び舎」と呼んでくれるはずだ。

開校準備中。
校舎のペンキ塗りを、白い作業着を着て
昼間からワイワイやっている俺たちを見て
その当時、全国である意味話題になっていた
「白い集団」と疑われ
「お前たち、まさかあの研究所の奴らか？」
の問いに
「いいえ！　違いますよ！　侍学園です！」
と答えた時。
「ななに！？　サムライガクエンだ！？」
と
さらに怪しまれたあの日から半年。

俺たちの学校は学園祭の成功と共に
「偏見」という大きな壁を少し壊すことができた。
壊れた壁の隙間から
これからもっと増えるであろう
この学び舎を必要とする未来の生徒たちの笑った顔が
見えた気がした。

偏見を壊すと「希望」が隙間から差し込んでくるものだ。

HOPE3
経験という困難

あるスポーツクラブに入部する時。
「今までにご経験は？」なんて聞かれるのは自然だ。
当然初心者であれば初心者の練習へと誘導される。

銀行でお金を借りたい時。
ましてや事業資金の融資をお願いする時など
法人の運営機関や実績が問われ
経験がないとまず融資は下りない。

企業への就職の時。
履歴書に職歴や資格や保有技術を記載するが
同時に
「こういう仕事の経験は？」なんて聞かれて
「ありませんがやる気だけはあります！」なんて答えても
まあ、採用はあり得ない。
「経験者優遇」
そりゃできれば経験者のほうが嬉しいに決まっている。

教員は不思議なことに
経験は問われない。

大学で免許を取得し
わずかな教育実習を経て
採用試験に合格すれば
即、最前線に立つことができてしまう職業だ。

右も左もわからない
「教育理念」と「情熱」だけで
教員歴30年のベテランと同じ仕事をこなさなければならない。

俺もわずかな期間だが教壇に立った。
自分のクラスがあり
自分の受け持つ授業があり

自分の担当する部活動があり
自分の担当する分掌があった。

経験なんてない。
どうすればいいのかなんて
正直わからない。
わからないけど目の前に「生徒」がいれば
未経験など理由にならない。

新人だろうと
生徒や保護者にとっては「先生」であることには変わりない。

ある意味
がむしゃらにやっていた教員時代。
組織の一員としての緊張感と同時に
誰かが責任を取ってくれるであろうという
なんとなくの安心感もあった。

でも俺は
誰にも譲りたくなかった。
目の前の生徒の成長に関わる「人財」としての価値を
誰にも譲りたくなかった。

自分が担任する生徒は
どんなことをしてでも自分でなんとかする。
誰の力を借りずとも自分の力でなんとかする。
そのための努力は惜しまないってのが新人である俺の決め事でもあった。

それなりに
大学時代に勉強をし
教育論なんかを自分の中にも抱えていたことで
余計な心労も絶えなかったことも確か。

何が正しくて
何が間違いなのか。

教科書があるわけでもない

「対人間」

との仕事の中で
信じられるものは、そこで得られる経験だけしかなかった。

こういう指導方法がいいと
書籍で得た知識をぶつけてみても
早々うまくいくことなどない。
何故うまくいかないのかの「問題」を発見できて初めて
それを解決するための方策を考える努力が始まる。
何度も何度も試しては作り直す。
一度出来上がったものを安心して使い続けることなんてできなかったし
そんなことを始めれば
その人間が教師をやる意味などなくなると思っている。
出来上がった完璧な指導方法のDVDを流せばいいだけだ。
教員の人件費は削減され
優秀な授業だけが子どもたちの眼球や耳殻を通して脳に刻まれていく。

効率だけを追求すれば
そんなんで構わないと思う。
でもしないのは
そんなもんで「人間」は育たないからだ。

ある意味
聞きかじり程度の教育論なんて
持ってないほうがいい。

それが勝手に自分の「教師像」を作り上げ
子どもたちが望まない大人として存在する可能性が高くなるからだ。

ぶっちゃけ
文部科学省が要求している
学習指導要領における学習目標なんぞ
教科書に書かれたものを
子どもたちに伝えることができれば事足りる。
指導要覧みて
授業案に基づいて授業すりゃいい。
お父ちゃんでもお母ちゃんでも
あれがあれば誰だって授業なんてできる。
それこさDVDで十分。

でも
子どもを育てるってことは
それだけじゃないってことは誰もがわかってる。
わかっていても具体的にはなんなのかはわからなかったりする。

人が一人では生きていけないという大前提から
人の中で生きていくこと
人の間で生きていく為の「経験」という名の学習が
絶対に必要なわけでしょ。

だったら
教師として子どもたちの前に立つ際
常に心がけねばならないことがある。

何を言うかではなく
誰が言うか。

そう
教科書なんぞ誰が読み上げても書いてあることは変化しない。

でも
誰が読み上げるか
誰が伝えるかは
大きな違いを生む。

簡単に言えば
同じことを伝えられても
自分が尊敬する先生が言うことと
自分がいけすかねえと思っている先生の言うことでは
まったく違うものとして脳に刻まれるってことだ。

だから次世代のこの国を担う子供たちに
一番近い他人の大人として
教師は
常に「魅力的な誰であるための努力」を惜しんではならないと
思っている。

つまり教育論なんていらね。

目の前の子どもを
本気で愛することができればそれで十分。

俺自身も
そんなに深い経験を積んだわけではなかったが
まあ「元教師」という「経験」は持っていた。

しかし
一緒にサムガクを作った仲間たちは
もちろん「経験」は皆無。
さらには「人に関わる仕事」を目指していたわけでもなかったし
どちらかというと
「絶対に教師にだけはなりたくない」って連中。

当然、興味関心もなければ知識もない。

ずぶずぶど素人たち。

ましてや
パブリックの子どもたちよりも
支援が大変な生徒たちが集まりそうな学校だったから
余計「経験」は必要なように思える。
が
俺はそれはまったく期待していなかったし
もともと想定さえしなかった。

できれば
教育という畑で生きたことがない人間と
この学校をやりたかった。

ないものを作り始める時。
ある意味「経験」は邪魔になる。

発想は「経験」に基づいて浮かび
決して「経験」の枠を超えない。

この国にない
まったく新しい形の学校を作りたかった俺は
できるだけ
とんちんかんな発想や
考え方を持つ人間がほしかった。

愛だけあれば。
信頼さえあればそれで十分だった。

みんなで育つことを
「共育」という。
支える側も支えられる側も

一緒に成長できなきゃ嘘だ。

学校でも
子どもたちの成長以上に教師が成長せなあかんでしょ？
家庭でも
子どもたちの成長以上に親が成長せなあかんでしょ？

そもそも
そこ間違えてきてんじゃないのかと。この国は。
成長しない大人が育てる子どもは
その大人の枠を超えない。
遺伝子を伝承する仕組みからすれば
子どもが親を超えていくのは当然のことであり
そうでなければ説明がつかない。
でも
どうやっても親を超えられない子どもがいるとしたら
子どもの責任ではない。
自分を超えさせないために
自らの進化を封印した親の責任だ。

だから
なんもできない
なんも知らない奴らでよかった。

サムガクは
そんな危なっかしいスタッフが
毎日笑いながら始まった。

授業は俺がやって
生徒とスタッフが一緒に受ける。
生徒がいないと
スタッフだけなんて日もあった。
でも違和感なし。

それがサムガクの共育スタイルだったから。

本当にアホだったから
正直心配にもなったけど
やればやっただけ身になる。
それもいやいや受けているわけじゃないし
見方を変えれば「仕事」だったから。

スタッフたちには
猛烈に厳しかった。
だからと言って怒鳴り散らすとか
毎日怒ってばかりいるってわけじゃない。
その真逆。

なんも教えてあげないし
なんの指摘もしてあげない。

ただ黙って見てるだけ。

この方法に異論を唱える人もいるが
俺は
俺のコピーなどいらないと思っていたからそうした。
一番の大事なところ。
命に係わるところだけは俺が全責任を負う。
だから
あとは好きにやってみればいい。

でなければ「新しい」なんて生まれない。

現代の企業に
人を育てる余裕も機会もないというが
そんなもんは言い訳だ。
最後は俺がけつを拭いてやるからとにかくやってみろ！

って気概がなければ
社益など期待できない。
やらせてみることでわかること
やらせてみることで見えることが
労使双方にあるはずだと俺は思っている。

俺を高校教師として拾ってくれた
恩師であり
最高の上司だった酒井校長は
赴任当初
公の場で猛烈に俺を叱責した後
必ず
俺の耳元でよくこんな言葉を囁いた。

「なんでもいい。とにかく思いっきりやってみろ。
　お前がやりたいことを思いっきりだ。
　後の責任は俺がとってやるから。」

表面上はそんなに相手にしていないような素振り。
情熱とか想いとかとは真逆の教育論を持っていそうな先生だったが真ん中は違った。

俺はその先生の言葉で
教師として生きることができた。
教師を仕事にすることではなく
教師として生きることが。

だから
俺もうちのスタッフたちに
同じ安心感を持って生きてほしいと思った。
責任なんて取れる経験も保証もなかったけど…

それでも

その言葉は間違ってなかった。

うちのスタッフたちは
知らないうちにとんでもないスキルを身に付けていた。
俺自身も気付かないくらい
自然に
そしてそれはとても新しい感覚のスキルだった。

うちのスタッフたちは
よく
「わからない」と言う。

知ったかぶりをしない。
わかったふりをしない。

わからなかったらわからないと言い
できないことはできないと言う。

しかし
わからないで終わらせないことと
できないことと「やらないこと」とは違うことを
よく理解していた。

だから
様々な困難を抱える生徒たちに
ガチンコで向き合い
ぶつかり合い
慰めあい
理解しあっていく様は
本当にどんなドラマよりも面白かった。
信用できるスタッフたちだったから
どんなことがあっても
任せることができたし
スタッフたちも余程のことがない限り

俺にSOSを出すことはなかった。

でも
あの夜は違った。

33歳で長野県の教育委員に選任されてしまった俺は
柄にもなく
長野県教育行政に携わるポジションにいた。
あの当時。
「脱ダム宣言」で全国に旋風を巻き起こしていた長野県は
とんでもない状況下にあった。

「オール野党」

知事以外のすべての政党が
「反知事姿勢」をとっていて
議会もかなり混乱していた。

教育委員は知事が任命する。
任命権はあっても議会で承認されなければならない。
なので
知事が任命しても
議会で反対されるのが当たり前になっていて
俺の前も何人もの候補が議会に承認されなかった。

にもかかわらず
なんでそうなったかよくわからないが
俺は議会に承認された。

そんなこんなで
教育委員の皆さんと仲良くさせて頂いていた関係で
その夜も
上田から1時間ほど離れている

諏訪湖のほとりのホテルに泊まりで出かけていた。
退任された教育委員長の送別会を兼ねた会だった。

今日はゆっくり飲めるなあなんて
喜んでいたのも束の間。

着信音を消していた
俺の携帯電話の点滅に気が付いた。

なんか嫌な感じがした。

何件もの着信は
スタッフからのものだった。
ここまでしつこく電話してくることはない。

「ちょっと電話してきます。」
と俺が言うと
一人の委員が
「今日は仕事やめなさい。」
と制した。

確かにそうだなあなんて
思ってもみたんだけど
どうしても胸騒ぎがして

「すぐ済みますんで。」
と宴会場を出た。

着信に折り返すと
ナルサワが電話に出た。
ずっと返信を待っていたのか
ワンコールしないうちに出た。

「どうした？」.

「本当にすみません。帰ってきてもらえませんか。」
ナルサワの限界が聞こえた。
電話の向こうでは泣きわめいている誰かの声も聞こえる。

「どんな状態なんだ？」と問うと
「本当にすみません。
　今夜ばかりは自分たちではどうにもならなくて。」

多くを聞かずして
今どのような状況にあるのか察しがついた。
余程のことがない限り
俺にはSOSを出さない奴らが根を上げている。
俺にとっては一大事。
ここを助けてやらなかったら
すべてが嘘になる。

「わかった。1時間かかる。それまでなんとか耐えてくれ。」

「わかりました。」
そう言ってナルサワは電話を切った。

サムガクには寮がある。
家庭から離れ
集団生活訓練を通し
自立へのきっかけをつかむために
2006年から運営している。
そのプロセスに関しては後述する。

その当時。
本当に大変な生徒たちが
寮に集まっていた。
様々な困難を抱えた女の子たちが

ある意味、化学反応を起こす。
いい意味だったらいいんだけど
大体は悪い方向へと反応する。

その夜は
その爆発が大きすぎた。

宴会場に戻り
盛り上がっている皆様にむかって
申し訳なさそうに俺は帰ることを告げた。

一人を除いて
その理由も聞かずに
「気を付けて帰って」と了承してくれたが

一人の委員だけは
どうしても許してくれなかった。

「ねえ。あなたさ。なんでも自分でできると思っちゃだめよ。
 スタッフがいるならば任せないと。
 そんなこといつまで続けるの。」

「いや。今回はちょっと違って…」

「それがダメだって言ってるの。そういう時こそ
 あなたがいない時の対処を若いスタッフたちは経験するんでしょ?
 それをあなたが摘んではダメよ。」

「いや。今回は俺じゃなきゃダメで…」

「そんなことない! 帰らなくてもいい!」

「……」

「あなたにだってできないことを認めなさい！」

その後も
畳みかけるように
俺が仕事を戻ることの無意味を指摘され続けた。
でも
俺の頭にはそんな言葉は入ってくるはずもなく。
1秒でも早く
あいつらのそばに行ってあげたかった。

経験がないスポーツや習い事や、ある種の仕事だって
ないなりに仕方がないと割り切れることだってある。

でも
俺たちの仕事は
命の琴線に触れる仕事。

経験がなんとか一本の命を繋ぐ。
それがなければ
その線は簡単に切れる。

俺も未経験でこの仕事を一人で始めた。

そして
十本の糸を切った。

経験があれば切れなかった糸。

その後
結び直すことができない糸。

経験がないことのメリットを

うちのスタッフに期待しているが
経験がないことで
しなくてもいい俺と同じ経験だけはさせたくなかった。

命を救えなかったという
一生背負わねばならない経験などいらない。

我慢していた俺の心が壊れた。

右手に持っていたグラスをテーブルに叩きつけて割り
その方に
大先輩に向かって俺は吠えていた。

「帰らなきゃならないんだよ！　俺じゃなきゃダメなんだよ！　俺にしかできないことがあるんだ！　待っているんだあいつらが。」

そう言って
沈黙する宴会場を後にした。
今考えると
本当に失礼な奴だと思う。
酷いことしたなって。

でも
それが俺の覚悟だった。

あいつらに
最後は俺がなんとかすると
約束してきたことへの覚悟だった。

車を飛ばし
峠を越えて
寮についたのは1時間もたっていなかった。

寮は
壮絶な状況だった。

泣き叫ぶ生徒。
過呼吸を起こす生徒。
半狂乱になって暴れている生徒。

二人の生徒を
ナルサワが手を繋いで座らせていた。

その向こうで
泣き叫ぶ生徒が一人。
エンドウが抱き押さえていた。

ナルサワも参っていた。
エンドウも泣いていた。

あいつらの
帰ってきた俺を見る目を
今も忘れることができない。

怖かったんだろうな。
苦しかったんだろうな。

ごめんな、本当にごめんなって
口には出せなかったけど
心からボロボロこぼれた。

「もう大丈夫。あとは俺がなんとかする。」

そう言って
一人一人の生徒をスタッフルームに入れて
話をずることになった。

「私なんて生まれてこなきゃよかった！
　殺してよ！　殺してよ！」

泣き叫ぶ生徒の手を握り
丁寧に謝る俺がいた。

「ごめんな。こんなになるまでわからなくて。
　辛かったよね。苦しかったよね。
　ごめんな。
　でも大丈夫。
　俺たちはずっといるから。
　お前のそばにずっといるから。
　いっぱい泣いていい。
　いっぱい怒っていい。
　いっぱい悲しんでいい。
　でもね。
　一人で泣かせないから。
　一人で悲しませないから。
　一緒に泣くから。
　一緒に悲しむから。
　大丈夫。
　お前は一人じゃないから。」

3人の生徒が落ち着いて眠りについたのは
もう東の空が明るくなってくる頃だった。

3人のスタッフも
帰ることなく

寮にいた。

「もう帰れよ。
　今夜は俺がここに泊まるから。
　本当にごめん。
　ちゃんと教えるべきことを教えてなかった。
　本当にごめんな。」

命の琴線に触れる時。
絶対に忘れてはならないことがある。

それは
闇に引き込まれないこと。
そして
どんな負のエネルギーにも
決して負けない覚悟をすること。

命の叫びは
命の叫びで答える。

これは
ギリギリの経験をしないと
わからない。

だからこんな経験はしないほうがいい。
でも
うちのスタッフは
経験を重ねていった。
させてはならない経験をさせたことで
ある意味本物の支援者に育ってしまったのかもしれない。
嬉しくもあったが
なんだか申し訳ない気持ちで一杯の俺がいた。

どんな教育をするのか。
どんな支援をするのか。
その内容は。
その結果は。

学び舎に求められるものは
数知れず。

でも
命を守ることを
一番大切なものにしている学び舎は
この学園しかない。

授業なんて
行事なんて
相談なんて
命の糸が切れてしまったら
なんの意味もない。
この糸を切らないための経験を持っている
決してその糸を切らない為に
命を懸けることができる覚悟のある
愛すべきサムガクのスタッフたちは

こんな俺の「希望」であり
この国の「希望」だ。

HOPE4
別れ
という困難

誰一人として
自ら望んで産まれることはない。
望まれて産まれ
ある意味暴力的に産み出される。

誰一人として
自ら望んで死を選ぶことはない。
それでも
いつか必ず命の終わりはくる。
ある意味暴力的に命を奪われる。

産まれることも
死ぬことも
人間は選ぶことは許されない。

しかし
その間の「生きる」ことは
自らの手で
どうにでも選択することができる。

それでも
自ら死を選ぶ人は後を絶たない。

この国では
1990年代から急激に「自死者」が増え始めた。
この後に訪れるであろう
微かな幸せの可能性をすべて捨てて
その命のピリオドを自らの手で打つ。

俺はこれまで
10の尊い命を殺してきた。

その命を失ってから

1日たりとも忘れたことはない。
そして
その命に毎晩責められる。

何故、助けてくれなかった。
何故、救ってくれなかった。

お前が無能だからだ。
お前が無能だからだ。

だから
この仕事をやめてはならない。
お前の命
お前の生きる鼓動が
その息の根を止めるまで
ただただひた走れ。

そう言われ続けている。

俺の使命は
このあってはならない死を
後世まで存在させないことだ。

多分
自殺はなくならない。
俺が生きている間にそれは無理なのかもしれない。
でも
どこからか始めなければ
無理のままで続いてしまう。

だから
声高に俺は言い続けるだろう。

生まれることと
死ぬことは
暴力的に産み出され
暴力的に奪われ
自らは決して選択できるものではない。

選択できるのは
その間の「生き方」だけであると。

生きたいのに生きられない人々

生きられるのに生きられない人々

容易く命を奪いし者と
命を紡ぐ者と

人の命は何故に誰がために
生まれし繋がるのか。

俺の生きるテーマは
ここに集約される。

自死という死別を
物語ることははばかれる。
俺もひとりの人間。
振り返るのは苦しすぎる。

同時に
奪われし死別も
たくさん経験してきた。

経験しすぎたかもしれない。

俺は死神かもしれない。
俺に関わる人々で
本当に素晴らしい人間が
何故か今世を去っていく。

「バカ野郎！　誰がそんな検査受けるか！　受けるぐらいなら死んだほうがましだわ。」

俺が大腸検査を受けたことを
説明したとき
ヒロさんはそう吠えた。

「いやいや。ヒロさんもやったほうがいいって。俺だってさ…」

「いや。絶対にやらねえ。そんなもん死んでもやらねえ。」

べらんめえ口調で
豪快。
細かいことが大嫌いで
やれることだったらなんでも俺に相談して来い！
なんとかする！
そんなヒロさんとの出会いは
一本の電話からだった。

「もしもし。あのさ、あなたがやっていた店でさ一度ぐらい会ったことあるんだけどさ
テニススクールやってるんですよね？　俺もやりてえなって思って。」

俺がやっていたテニススクールのチラシを見て
電話をしてきたのがヒロさんだった。

ひとつ返事で入会を許可し
翌週から俺のテニススクールに通い始めた。
可愛らしい奥様と一緒に。

レッスンは本当に真面目に参加し
とにかく貪欲で負けず嫌い。
性格がそのままテニスにも出るタイプの人だった。
裏表がなく
サバサバしていて
それでとても温かい人だった。
俺はすぐに大好きになり
奥さんの祐子さん(後にうちの職員となる)とも仲良しになった。
テニススクールだけでなく
俺の仲間たちとも
ヒロさんたちはどんどん親しくなっていった。
店の無尽(長野地方にある月一回行われる飲み会。男はこの飲み会には家族に遠慮することなく堂々と参加できる風習がある)にも夫婦で参加。
俺抜きで仲間たちがヒロさん夫婦のお宅にお邪魔したり、飲みに行ったり
とにかく俺たちの兄貴と姐になっていったことは確かだった。

サムガクの設立の際にも
ヒロさんには理事をお願いした。
たくさんの悲観的な意見が飛び交った理事会発足会の時も
「まあまあ、彼がこう言ってんだからさ。協力してやってみるってもんじゃねえっすか」
と
肯定的な後押しの口火を切ってくれたのも
やっぱりヒロさんだった。

大手レンタル企業に勤めていたヒロさんは
サムガクにとって大きな存在だった。

とにかく金のなかった俺たちのお願いを
ひとつ返事で
「そんなもんぐらいなんとかするわ」と言っては
希望を叶えてくれる人だった。

そんな頼りになるヒロさんにも
弱点はあって。

ここには書けないが
その相談にのるのは何故か俺だった。

「コーチ。コーチにしか言えねえからよう。」
その当時は
テニススクールの関係上
ヒロさんは俺のことをコーチと呼んでいた。
後に「ひでくん」になったんだけど。

それがまた俺があの人を大好きになっていく原因となった。

ある夜。
珍しくヒロさんから電話があった。
飲みに行くお誘いかなと
ちょっとワクワクして出た電話。

電話の向こうのヒロさんの様子がおかしいのは
すぐわかった。

「ちっきしょう。なんでだよ。」
ヒロさんが泣いていた。

「どうしたんすか？　なんかあったんですか？」
俺がそう尋ねると

「すまねえ。電話じゃダメだ。今から会えねえか。」

ただ事ではないなと思い
すぐに指定の場所へ車を走らせた。

顔面蒼白で
この世の終わりという表情で
ヒロさんはそこにいた。

「聞いてくれ。祐子がさ。祐子がさ。ちっきしょう…」

数日前から体調不良を訴えていた祐子さんを見て
直感的にヒロさんは何かあると察したらしい。
大丈夫だという祐子さんを説得し
かかりつけの病院へ。

血液検査の結果
精密検査が必要だということで
地域の総合病院へ。
精密検査の結果
診断は「急性白血病」だった。

「なあ、ひでくん。祐子死んじまうのか？ なあ、あいつ死んじまうのか？」
泣き崩れるヒロさんに
俺はかける言葉が何も見つからなかった。

ヒロさん夫婦には子どもがいなかった。
子どもが大好きな二人には本当に残酷な運命だったと思う。
その代わり
二人はいつも一緒にいて
二人は本当に愛し合っていた。
だから
みんなが羨ましがる

理想の夫婦だった。

子どもがいなかったのは残念ではあるが
それ以上の幸せを
この夫婦から誰もが感じていたことは間違いない。

そのパートナーが
難病を罹患する。

耐えられるはずがない。
ヒロさんには祐子さんしかいないのだ。
祐子さんがすべてで
祐子さんがすべてだった。

その祐子さんに宣告された
残酷な診断。

ヒロさんがどんな思いで
あの診断を聞いたのか。
考えただけで胸が張り裂けそうになった。

泣き崩れるヒロさんに
俺はとんでもないことを口走っていた。

「ヒロさん。大丈夫。俺が絶対に治す!」

医者でもない俺の根拠のない発言であっても
ヒロさんは笑って

「ひでくんがそう言ってくれるとさ。なんかそうなりそうで安心
　するわ。
　わりいな。本当に頼むわ。」

そう言うと

笑いながらまた泣き崩れるヒロさんがそこにいた。

当時
既に病院に勤務していた俺は
関係するドクターに片っ端から電話をかけていた。
お世話になっていた小児科の血液専門の先生が本当に頼りになった。
「俺が治す」なんて豪語したものの
本当に不安で
俺自身が押しつぶされそうだった。
そんな俺を支えてくれたのが小林ドクターだった。

「ナガオカ先生。まずね急性白血病にはいくつもの種類があるの。
　だからそれをまず聞いてみて。」

ヒロさんからは毎日電話はきていたので
すぐにそれを確認してもらうようにお願いした。

祐子さんのタイプを
恐る恐る小林ドクターに報告すると

「ナガオカ先生。よかったとは言えないけどよかったわ。そのタ
　イプであれば、骨髄移植しなくても寛解までいけるかも。」

それから
俺は徹底的に急性白血病について調べ、勉強しまくった。
多分
医者以外では俺より知識がある人間がいないのではないかと思うぐらい
徹底的にやり尽くした。
でなければ
最愛の妻を病院に残し
一人生活しているヒロさんを支えることなどできなかったから。

ほとんどハッタリだった。
そうしなければ
ヒロさんを笑顔になどできなかった。
ヒロさんが元気を失えば
間違いなく祐子さんに影響が出る。
その心因的な負担が回復に影響を及ぼすと
俺は思っていたから。

祐子さんにも定期的にメールを送った。
具体的な情報ではなく
どちらかといえば
精神論的なものばかりだったけど。

こんなに素敵な夫婦を不幸にするならば
俺は絶対に神様など信じないと誓った。
元々信神深くないけど
この時ほど
あらゆる神に脅しをかけたことはない。

「何神か知らねえ。でも本当にいるなら絶対に助けてくれ。
　助けてくれないならば俺は一生あんたらの存在を信じねえ。」

それからも
祐子さんの一進一退の治療は続いた。
それでも
ヒロさんは献身的に祐子さんを支え
同時に
サムガクの理事としての活動も手を抜かなかった。
俺はそれが何よりも嬉しかった。

発症から２年。
抗がん剤の副作用ですべての毛髪が抜けた姿で
祐子さんは

サムガクの学園祭に現れた。

まだまだ健康とは程遠い姿だったけど
祐子さんを連れて
サムガクに訪れた
ヒロさんの顔を忘れることはない。

学園祭終了後の打ち上げで
三蔵法師のような祐子さんは
みんなにこんな話をした。

「地獄から這い上がってきました。これはみんなのおかげです。
 本当に苦しかったけど
 みんなのことを思い出すと
 また逢いたいなって思えて頑張れました。
 ヒロキには迷惑かけたけど
 夫婦だから仕方がないよね。
 でも、もう大丈夫。
 もっと元気になって
 来年はみんなと学園祭を楽しめると思います。」

みんな泣いていた。
俺も
涙をこらえることはしなかった。

でも
ヒロさんは泣いていなかった。
本当に
心から笑っていた。

俺はもっともっと
この夫婦が大好きになった。

祐子さんは着実に回復し
寛解までに至った。
祐子さんの思いも病魔に勝ったと思うが
何よりも
ヒロさんの思いが
祐子さんの明日を作ったことは間違いない。

その経験がそうさせたのか
運命
いや人間が持っている「寿命」という
書き換えられない何かがそうさせたのか
俺にはよくわからない。
よくわからないが
ヒロさんが祐子さんとの時間を
猛烈に大事にし始めたのは確かだった。

「ひでくん。俺さ仕事やめるわ。祐子と一緒にいてえんだわ。」
簡単に仕事をやめられるポジションにいたわけではない。
さらには
一般論的に定年まではまだかなり年数はあった。

止める立場でもない俺は
なんとなく心配しながらその決断を肯定した。

どちらかといえば
祐子さんの再発が心配で
それをもっと心配しているヒロさんの思いに
賛同しただけだった。

モチベーションが病魔に打ち勝つと
自分の人生で知っていた俺は
退院間もない祐子さんを
非常勤でサムガクに雇うことにした。
ヒロさんもそれには賛同してくれたが

仕事を辞めてからは
日中何度も祐子さんに電話してくるヒロさんがいた。
サムガクへの送り迎えはヒロさんの仕事だった。

まだ退勤時間ではないのに
「おう。迎えに来た。がはは。」と笑うヒロさんがいた。

2010年の年末。
テニススクール中のヒロさんの言動に
なんとなく違和感を覚えた。

ボールを拾うのが苦しそう。
2時間のレッスンについてこれない。

仕事を辞めて少し太り始めたことと
年齢が原因だろうと思っていたけど

「ねえ。ヒロさん。ちゃんと検査受けてる？」
なんて尋ねる俺がいた。

決まってヒロさんは
「バカ野郎。大丈夫だって。この前までちゃんとやってたんだから。
　ガンマだってなあ…」
なんて言ってはぐらかされていた。

仕事納めの日。
ヒロさんは習慣のように
祐子さんを迎えに来た。

俺はその時。
なんとなく
なんとなくだ。

ヒロさんが猛烈に老けたように見えた。
そして
いつものような覇気が感じられなかったことを覚えている。
明けて正月。
ヒロさん夫婦二人にとって
誕生を意味する季節でもあった。

祐子さんは１月１日生まれ。
ヒロさんは１月３日生まれ。

正月は
祐子さんの実家である
新潟の片貝町へ帰省するのが夫婦の習慣だった。

あの忌まわしき
大震災が起こる２ヶ月前。
二人は
例のごとく片貝町へ帰省していた。

2011年１月６日。
サムガクの仕事始めの日だった。
生徒たちは登校していなかったが
職員は明日から始まる新学期に備えて
出勤していた。

今年は再起の年。

俺は並々ならぬ思いで
仕事を始めていた。

そんな日の夕方。
出先から帰るとエンドウが血相を変えて俺に駆け寄ってきた。
こいつが血相を変えると

大体がただでは済まない。

「せんせ！　ヒロさん倒れたって！」

「は？　なんで？　どこで？　いつ？」
そう答えながらなんとなく嫌な予感が俺の脳みそを支配していた。
すぐにその後の仕事をすべてキャンセルし
残りのスタッフに学園を任せ
創業メンバー４人で新潟に向かうことにした。

俺たちの心の中を表すように
猛吹雪の中
一路新潟に車を走らせた。

祐子さんとは連絡が取れた。

「うん。そうなんだよ。今、手術しているんだけどさ。
　大動脈瘤破裂なんだって。」

なんとなく冷静な祐子さんの声に
少し安心したのも束の間。
その病名には聞き覚えがあった俺は
背筋が凍っていくのがわかった。

しかしだ。手術室に入っている。
つまり治療ができる状態であるってことだ。
大丈夫。ヒロさんなら大丈夫。

同行したスタッフたちには何も言わず
とにかくヒロさんが搬送された病院を目指した。
高速道路は前の車のテールランプが見えないぐらい

吹雪いていて
さらに不安を煽っているようだった。

長岡市の総合病院に着いたのは
20時をまわっていた。
一般外来が終わった病院内にはほとんど人の姿は見えず
救急外来窓口から入った俺たちの足音だけが
天井の高いだだっ広い待合室に響いいていた。
ICUの階数を聞き
エレベーターに乗り込んだ。
ドアを閉めようとした時に
祐子さんのご両親がこちらに来るのが見えた。

「あら。せんせ。わざわざすみません。」
そう言いながらエレベータに乗ってきた祐子さんのお母さんは次に
俺たちの耳が疑うことを仰った。

「ねえ。残念だわ。本当に。」

どういう意味かわからず
どういう意味かと俺はお母さんに聞き返した。

「亡くなったって…さっき。間に合わなかったわ。」

俺の中ですべてがフリーズした。
疑いながらも否定し続けてきたこの数時間が
一瞬にして現実を突き刺す凶器にとなった。

言葉は出なかった。
とにかくこの目で確認するまでは
それを肯定できない俺がいた。

エレベータを降りたあと

同行したスタッフたちはその場に待たせた。
俺だけで確認したかった。
あいつらには辛すぎる。

ICUに入ると
あの独特の雰囲気に飲み込まれそうになった。
俺にとって一番苦手な場所である。

ICU中に一人の声だけがリフレインされていた。

「ヒロキ。起きて。ねえヒロキ起きてよ。置いてかないで。置いてかないで。」

俺の足は前に進まなくなった。
このカーテンを開けたら。
それを目の当たりにしてしまったら。
俺自身が正気でいられる自信がなかった。

「せんせ。どうぞ。」
躊躇する俺を祐子さんのお母さんが誘う。

そこにヒロさんはいた。
バイタルは「生きている」を表していた。
そう
ヒロさんの鼓動はまだ止まってはいなかった。

ヒロさんに話しかける祐子さんの姿を
俺はすぐに目を向けることができないでいた。
祐子さんも俺が到着したことに気付いていなかった。

ヒロさんの手を握った。
暖かい掌だった。
テニスのゲームの後の握手以外

ヒロさんの手を握ることなんてなかったし
なんとなく変な気持ちだった。

「ヒロキ。ひでくん来てくれたよ。起きなさいよ。ねえ。」

祐子さんがいつから俺に気付いていたのかはわからない。
そしてそんなことはどうでもよかった。
ただ
この暖かい掌から伝わってくるヒロさんが
もういないとは思えない俺がいた。

バイタルは弱々しくも「生きる」を刻む。

「脳死」
ドクターの診断はそう告げられたそうだ。
心臓は動いているが
ここから回復することはなく
静かにその鼓動が止まるまで見守るだけしかないとのことだった。

でもバイタルは「生きる」を刻んでいる。

外に待たせていた３人のスタッフたちを
ICUの中に入れた。

俺は外に出ていることにした。
一人になりたかった。
冷静をどう保つのか自問自答する時間が欲しかったのかもしれない。

次々と親戚の方々や友人のみなさんが駆けつけた。
みんな信じられない面持ちだった。
そうだろうな。
だって前日まで元気に呑んでいたんだから。

ICUの性質上
そう大勢は入っていられない。
少し顔を見た人々はICUから出てきて
親戚の方々から今後の日程についてを聞いていた。
なんとなくそれが嫌で
まだヒロさんはそこにいるのに
そんな日程が組まれていることが嫌で
たまらずICUの中に戻った。

ヒロさんなら奇跡を起こす。
祐子さんを一人置いていくはずがない。

そんなことを思いながら
ヒロさんの手を握っていた。

暖かい人だった。
豪傑だったけど繊細だった。
強い優しさがある人だった。
茶目っ気があって人情深い人だった。

「だった」なんて思っている自分に吐き気がしたが
ヒロさんとの思い出がどんどん頭の中に溢れてきて
呼吸するのが苦しくなっていた。

祐子さんの前で泣くわけにいかなかったし。

俺たちが病院に到着してから2時間。
ヒロさんは生き続けた。
小さな鼓動ではあったけど
最愛の祐子さんを置いていかないために
必死だったんじゃないかって。
今ならそう思えたりする。

バイタルにもヒロさんの姿が見えなくなったとき。
ドクターから
その一言が告げられた。

「ダメー！　ヒロキ！　行っちゃダメ………」

祐子さんの肩を抱きながら
この夫婦が闘ってきた３年間を思い出していた。
本当に必死で闘ってきたんだよ。
二人共全力で生きようとしたんだ。

でもダメだよ。ヒロさん。
検査は受けなきゃね。言ったじゃないか。
検査受けるなら死んだほうがましだって言ってたよね。
でも本当に死んじゃったらさ。

祐子さん。どうすんだよ。なあ。ヒロさん。
祐子さんも這い上がってきたんだよ。
ヒロさんもさ。

もういいや。一番つらいのはあなただと思うから。

ヒロさんの葬式当日。
式場には多くの人々が弔問に訪れた。
女の人たちだけでなく
男の人たちが目を真っ赤にして泣いていた。
ヒロさんの人柄が本当によくわかる１日だった。

祐子さんは今にも壊れそうで
未だにヒロさんがいなくなってしまったことを
受け入れられないでいた。
当然だしそれでいいって思っていた。

これから
この人をみんなで支えないと。

ヒロさんが俺たちを支えてくれた分
今度は俺たちが祐子さんを支えていかないと。

死の淵から這い上がったと思った瞬間
最愛の人を失ったこの人を
どうやったら笑顔にできるのか。

正直まったく自信がなかった。

それでも人は生きていかねばならない。
亡くなった人が
生きていた証を語り継ぐために。
心の中で
ずっと生きていてもらうために。
残された人間は生きていかねばならない。

そしてその生きる歩みは
幸せに向かうべきだ。
その為に人はこの世に生を受け
その日まで生きていくのだから。

20歳の冬。
俺の命を救ってくれた恩師を失った。
急性心筋梗塞だった。

「ナガオカ。お前は学校に必要だ。」

あの人が放ったあの一言で
今の俺はここいる。

あの人が俺を必要としてくれたから
もう一度生きてみようと思えた。
そして
高校生活を終えた時。

本当にそれでよかったって思えた。

小学校の教師を目指していた俺が
高校教師の免許取得に変更したのは
あの人が母校からいなくなってしまったからだ。

あの人が立った教壇に立つ。

それが
あの人の生きた証を
繋げていく唯一の方法だって思ったからだ。

あの人がいることで
俺は生き続けることができて
あの人がいなくなったことで
俺の生き方は決まった。

先述したが時々
自分は死神なのではないかと
自分を疑うときがある。
時々じゃない。
常にそれに苦しめられてきたかもしれない。

独立後。
こんな怪しい人間と
そんな人間の考えている構想を
一番最初に取材してくれたのは
ローカル新聞社「信州民報」の記者、

オクダさんだった。

格好いい大人の女性で
俺の憧れでもあった。

「お前さ。丸くなるなよ。尖ってろずっと。」

初めて会った日に
そんな言葉をかけてくれる
姐御肌の人だった。

まだ学校も開校していなかったし
得体の知れない若造に

「隔週で連載書きな。何書いてもいい。お前が想うこと書けばいいから。」

なんて提案をしてくれた。
今考えても本当にすごい博打だったと思うけど
地域の信頼を心の底から欲しがっていた俺にとって
それはまさにミラクルだった。

原稿を送ると

「おお。いいね。吠えてる吠えてる。」
なんて言って笑った。

時には
「ちょっと守りに入ってない？　いらないよお前にそういうの」
なんて叱られたり。

信州民報の「良志久」という連載は
約束通り隔週で書き続けた。

読者からの反応が意外に多く
なんの取り柄もなかった俺にとって大きな自信になっていた。

「この連載をエッセイ集として本にするまでやるよ。ちゃんと書
　き続けろよ。」
オクダさんとの約束だった。

100回まで連載すれば
それなりの本になる。
それまではオクダさんと二人三脚でこの連載続けていこうって。

ある連載の原稿を巡って
珍しく俺がゴネたことがあった。
オクダさんも譲らず
ああだこうだって電話で口論になった。

「お前はさ、ナガオカなんだよ。ちゃんとした大人の意見なんて
　読者は読みたくない。」

今考えると
その言葉がオクダさんが俺に残した最後の言葉となった。

翌日。
学園の電話が鳴り
相手は信州民報からだという。

「まだオクダさん怒ってんのかなあ…」
なんて憂鬱な気持ちで電話に出た。

相手はオクダさんではなかった。
シゲハラさんだった。

何故担当ではないシゲハラさんが電話をしてきたのか不思議
だったし

一瞬にして
何か嫌なことが起こったに違いないと断定している俺がいた。

「ナガオカさん。落ち着いて聞いてね。
　オクダさん。亡くなっちゃったの…」

全身の血の気が引いた。

「いや。ちょっと待ってください。昨日電話しましたから。」

「そうなんだ…昨日自宅で。急性くも膜下出血で…」

オクダさんのご主人はアルゼンチンに単身赴任していて
帰ってこられるのも4日後だってことだった。
俺と口論した後。
あの人は一人で逝ってしまった。
誰に看取られることもなく
誰にも気付かれないまま。

またか。

正直そう思わざるを得ない。
俺なんかと付き合ってくれる
本当にいい人が
どんどん先に逝ってしまう。

俺と関わると
寿命が縮んでしまうのではないかと思えるくらい。

生きられるのに　生きられない人
生きたいのに　生きられない人

俺は多くの死別を経験し過ぎた。

死別は人を強くする。
そして猛烈に優しくするのだと思う。
そして
生きるを諦めなくする。

そして誓うのだ。
どんなことがあっても俺はあなたの分
精一杯生きるのだと。
いずれくるであろうその日まで
あなたの生きた証を活かしながら生きると。
その「生きる」があの人たちの「希望」となることを信じて。

HOPE5
人財
という困難

年収24万円。
月収2万。

これが創業当時の俺たちの給与だった。
少ないなあとも思わなかったし
これで満足とも決して思わなかった。
それでもゼロではなかったし、借金が増えていくこともなかった。

自分たちの生活は
自分たちでなんとかする。

これが俺たちの合言葉。
だから学校が終わった後
各々自分の仕事を持っていた。

食べていく為の仕事＝RICE WORK

「俺侍学園で働きたいんです！」
血気盛んな若い子が訪れることも少なくなかった。

決まって俺はこう質問した。

「年収24万だけど。いい？　やれる？」

年収を月収と間違えるのが普通。
しばらく考え込んで
「大丈夫です！　十分です！」
なんて答える。

「いやいや。だから年収だよ。月収じゃない。」
ぽかんとしながら
頭の中で月収換算するのが見て取れる。

月2万。

そこで一気にそれまでの熱が引いていくのがわかる。

それは自然。
当たり前のこと。
その給与じゃやっていけない。食っていけない。

そう。
こうした民間団体はほとんどがNPO法人。
非営利活動法人ってこと。
基本的には営利事業が柱ではなく
創業者の社会的使命感によって設立されているため
どう考えても経営的には厳しい。

ボランティア団体の流れでいけば
「お金儲けはご法度」的感情が生まれるだろうし
世間的にも
NPOが給与もらって仕事していると思っている人は少ない。
これがこの国の現状だったりする。
いくらNPOであったとしても
そこで働く人間たちにも生活はある。
その生活を犠牲にしてまで
仕事を選ぶ人間は奇特だ。

しかし
この奇特な人間たちが世の中を変えていく。

世の中の闇に一筋の光を照らすんだって
この仕事を選ぶ人々は
奇特であって希望である。

そう俺は信じている。

人は材料ではなく、財産だ。
だから「人財」。

創業者や創業メンバーは
なんとなくそこを共有・共感することができる。
あまりにもひどい経営状態を知っているし
何より
自分たちで作ってきた自負があるからだ。

ところが
その後に入職してくる人間たちは
少しニュアンスが違う。

この業界は
本当に人財不足。
仕組み的には当たり前のことなんだけど。

さらに俺が欲している人財は
できれば
教育の畑で育ってないことが望ましかったりする。
ある程度の人間関係にまつわる経験は必要かもしれないが
それ以上の偏った知識や
熱のある教育論は邪魔になったりする。

真っ白な状態で
「なんだかわからないけど面白そうですね！」
ってのが最高。

そして
「そんな給与なんですか。でもなんとかなります！」
だったらグレート！

でも。
そんな人財いるはずない。

常識的に考えたらいるはずない。
ハローワークにそんな求人も出せないし。

ところが
このサムガクってイキモノには
そういう奇特な人財が寄ってきたりするんだ。

人財① ヨーコ見参

高校教師時代。
バレー部の顧問が校務分掌で与えられた。
それも「女子バレー部」
女子って付くだけで面倒くさいなあって思った。
さらに
バレーなんて体育の授業でやったことぐらいしかない。

技術的なことよりも
女子集団独特の雰囲気を想像して憂鬱になった。
予感は的中。

放課後の体育館に行くと
ネットを張らず
上はワイシャツ
下はジャージの二人の生徒が対面トスの練習をしていた。

バレーシューズを新調して
一応、気合いを入れて体育館に行った俺は
ため息をつかざるを得なかった。

「なあ。バレー部ってお前たちだけ？」

そう二人の生徒に尋ねると
トス練習を続けながら

「あ、はい。今日は私たちだけですけど。」
と気のない返事が返ってきた。

「他の奴らは？」
「来ないんじゃないですか？」
「なんで来ないの？」
「さあ。」

そんな会話が何分か続いた。
「ちょっと話いいか？」
練習を辞めさせてその二人の生徒たちと話をした。
元々、野球部と、全国大会に出場する
サッカー部、レスリング部、ソフトテニス部しか
まともに部活動をしている高校じゃなかった。

俺が高校生の時よりはましにはなっていたが
体育館が一つしかないので
練習日も隔日。
指導者もしっかりしていないので生徒たち主体で
なんとなく続けている部活動。

この女子バレー部も例にもれず
なんとなく所属し
試合が近づくとどこからともなく部員が現れ
試合には出場。
当然、初戦敗退。

だから
日頃の練習にもほとんど部員は現れなかったわけだ。

その経緯を聞いた俺は
二人の生徒にこう指示した。

「明日の放課後。全部員を図書館に集めてくれ。とにかく全員だ。」

それだけ告げると
体育館を後にした。

翌日の放課後。
あまり期待せずに図書館に向かう俺がいた。

その予想に反して
約20名ぐらいの女子が
ワイワイ図書館に集まっていた。
普段、図書館を利用している生徒たちは非常に迷惑そうだった。

集まった部員たちに対して
俺は簡単な自己紹介をし
今後の部活動の方針を述べた。

「お前たちがどういう思いで部活に所属しているかはわからん。
　でも今日から俺が顧問になる以上
　この状況を良しとはできない。
　やるならちゃんとやる。やらないなら今日で辞めてくれ。
　やる気がある奴だけ
　明日の練習からちゃんと「ジャージ」を着て体育館に集合。
　以上。」

生徒たちは俺の話をポカーンと聞いていたので
言葉が落ちているかどうかはわからなかったが
俺にはどうでもよかった。

人数は少なくても構わない。
それでも

一生懸命やる奴らとバレーをしたい。

図書館を後にする俺の頭の中は
間違いなく「中田久美」になっていた。

翌日の放課後の体育館は
俺の想像とは違っていた。

体育館の反面にはしっかりとネットが張られ
昨日来ていた生徒たちほとんどが
ジャージに着替え準備運動をしていた。

その光景を見ただけで
俺はスクールウォーズの滝澤健二教諭のように
涙が溢れそうだったから困ったもんだ。
単純すぎる。

子どもたちはこれを望んでいたわけだ。
自分たちではなかなか作ることができない。
それでも少なからず
中学でバレーを経験している彼女たちにとって
「ちゃんとバレーをやりたい」という
基本的な欲求は残っていたわけだ。

「集合。」
と声をかけると
一人の生徒が大きな声で「集合！」と
部員に声をかけた。

まんまる眼の可愛らしい子だった。
号令をかけることで
こいつが部長であることは理解した。

これがヨーコと俺の初めての出会いだった。

それから
女子バレー部はある意味生まれ変わり
一番へたくそな俺を指導することを中心に
「ちゃんとした」部活に様変わりしていった。

定期練習に加え
体育館の使えない日は短大に練習試合を申込み
夏合宿なんかもやったりして
それなりの部活動をするようになった。

試合では一勝もできない弱小であることは
変わりなかったけど
バレーが好きで
仲間たちを大切にするこの生徒たちが大好きだった。

高校部活動には様々な目的があっていい。
あくまで勝利を追求する部活動があっていいし
そうではない全人教育としての部活動があっていい。

俺は技術がない分
この部活動を通して
諦めない心と
仲間を大切にする心を育てること
それを柱にしようと決めていた。

そして
体育会系の素地のある俺は
いい意味での上下関係の大切さも
同時に教えたかった。
それは社会に出てその子どもたちを守る
大いなる武器になるからだ。

しかし
教える必要がなかった。

部長のヨーコは
部員たちを時には厳しく
時には優しくまとめていた。

そして
監督である俺と
俺の友人であるバレー経験者のタキザワコーチに対して
素晴らしい対応をしてくれた。

ヨーコの出身中学のバレー部は
県下でも有名な強豪校で
当然練習も厳しく
上下関係もさらに厳しかった。

そこで培ったヨーコのスキルは
俺たちから見ても目を見張るものがあった。

俺が高校教師を卒業した後も
ヨーコたちとの関係は続いていて
サムガク設立後もボランティアとして
様々なイベントに協力してくれていたのもヨーコだった。

元教師と元教え子が
創業メンバーとしてスタートしていたサムガクにとって
新たなる人財確保は
ある意味大きなハードルがあった。

このめちゃくちゃなのりについてこれる人間はいるのか？
こんな労働条件で一緒に働いてくれる奴などいるのか？

俺も含めて
全員同じ高校出身者。

ある意味
かなり偏りがある集団。

それでも
新しい人財は欲しい。

しかし
様々なハードルを越えるやつがいるのか。
頭を悩ましていた
そんな時だった。

俺の店に飲みに来ていたヨーコが
アルバイト先の愚痴をこぼしていた時だ。

「あ。いた。」

俺が想定していたハードルを
すべて超えてくるやつがここにいた。

そう思ったらすぐに行動開始。
これが俺のモットー。

「なあヨーコ。ちゃんとうちの手伝いしてくれない？」
ストレートに直球勝負してみた。

体育会系の素地を持っている人間には
回りくどいことは無用。
直球勝負あるのみ。

「店のですか？」
「いいや。学校の。」

「えーー。私にできることなんてないですよ。」
「だからいいんだ。頼む。」
「……」
「エンドウもお前と一緒に働きたいって。お前ならいいって。」

紅一点で働いていたエンドウも
バリバリの体育会系気質。
この女と一緒に仕事できる人間は
やっぱり体育会系でないといかん。
直観的にそんな出まかせを口にしていた。

「ユミさんがそう言っているんですか？」
「うん。そう言っている。」
「……」
「どう？」

「せんせやユミさんがそう言ってくれるなら
　やってみようかな。」

「マジか！　給与は期待するな。でも大丈夫だ！
　なんとかなる。」

こんないい加減な感じで
ヨーコは非常勤職員として
サムガクに入ることになった。

生粋のお嬢様でしかも末っ子。
趣味はゲームと漫画。
バレーをやっている女の子としては
かなり異質な子だったが
とにかく気が利き、動く。
ちょいとマンネリ化していた
チームウエストにとって

(母校が西高だったのでそう呼んでいた)
ヨーコの加入が新しい風を吹かせた。

知識はないし経験はない。
さらに勉強は好きじゃない。
それでもとにかく
ヨーコの人間性だけで大変な仕事をこなしていく姿は
なんとも頼もしかった。

「よくわかんなーい。」

これがヨーコの口癖。
そんでもって
食べ物の話をしているときの
幸せそうな顔は日本屈指。

俺はこのヨーコの資質に
何度となく救われた。
この底抜けの明るさに
なんとかなるかもなあって
思うことができた。

俺にとって最高の人財を手に入れたって
本当に嬉しかった。

生徒たちにとっては
もっとスキルのある人財が必要かもしれないが
この等身大の人間が放つ
なんとも言えないオーラがサムガクには最も必要だった。

そんなヨーコも
非常勤から常勤職員となり
2年目の春から担任を持つことにもなった。
ヨーコの不安は大きく

かなり悩んでいることもよくわかった。
それでも
「わからないことはわからないからいいや」と
様々な困難を持ち前の明るさで受け流している姿は
俺に
「そう。これこれ」と、納得させた。

それでも限界はくる。

最初は知識などいらない。
そして経験もないほうがいい。
でも
他人の人生に関わっていくと
どうしてもかなわない壁にぶち当たる。

想いや勢いや人間性だけでは
到底打ち勝てない大きな壁。

その壁の大きさに
ファシリテーターは初めて挫折を味わう。

いつもはどんなつらいことがあっても
それを表情に出すことはなく
常に明るく振る舞っていたヨーコが
神妙な面持ちで

「せんせ。ちょっと時間もらえますか。」
とつぶやいた。

その夜。
店の個室にヨーコを呼び出し
話を聞くことにした。

相談内容は想像していた通り。
一生懸命やっているのに
どうしても生徒に言葉が伝わらない。
さらには親の不理解も重なり
メンタル的にかなりやられていることがわかった。

いつも明るいヨーコが
大粒の涙を流した。
俺の前で泣いたのは
高校の卒業式以来だったっと思いう。
それもあの時は嬉し涙だ。

ひとしきり泣かせた後
俺はヨーコに聞いてみた。

「なあ。悔しいか？　その涙は悔し涙か？」

「うん。多分そうだと思います。」
目を真っ赤にしてヨーコは答えた。

「もう無理だと思います。私にはこれ以上できないと思うんです。」
そう続けるヨーコに
俺はゆっくりと話しかけた。

「あんな。悔しいんだったら大丈夫だよ。
　悲しい涙なら
　辛い涙なら
　もしかしたらもうダメかもしれないな。
　でもお前の流している涙は悔し涙だろ。
　まだなんとかしたいんだよ。
　まだ何かできるって思っているんだよ。
　それが
　うまくいかないから

自分がうまくできないから涙が出るんだろ。
先を見ている人間しか
悔しさは生まれない。
本気でその人間に向き合っている人間でなければ
悔しさは生まれない。
だから大丈夫だ。
お前にはこの仕事をする資質がある。
大丈夫。
辛かったね。これまで我慢してきたから。
聞いてあげなくてごめんな。」

そう言うと
ヨーコはさらに大粒の涙を流した。

この仕事はとにかく報われない。
理不尽に不満をぶつけられるし
腹立つことがあっても笑顔で対応しなければならない。
どんなに生徒の為にと叱咤しても
それを仇で返される。

ある意味「忍耐勝負」が毎日課せられるわけだ。

それでもいつか。
それでもいつかその努力が実を結び
成長した生徒の口から
「ありがとうございました」
という言葉と、感謝の涙をもらう日を信じて
俺たちは生き続けなければならない。

その一瞬で
今までの苦悩はすべて吹っ飛んでしまうから
不思議な仕事だと思う。

それを味わうまで
何度となく
この仕事を諦めようと
この仕事は向いていないと
この仕事を辞めてしまおうと
心の声は繰り返し叫ぶのである。

それでも
その苦悩を共有できる仲間がいれば
どんな壁でも越えていける。

「まあいいよ。よく考えてみな。
　辞めることはいつだってできる。
　自分の人生は自分で決めればいいから。」

その後ヨーコは何かを吹っ切ったように
また笑顔で仕事をするようになった。

どこかで遠慮していた
生徒や保護者との距離感を
少しずつ縮めていくヨーコの言動があった。

経験は必要に駆られてするもので
勉強も
その経験に基づき
必要に駆られてやるからこそ
自分の血となり肉となる。

教科書や説明書はなかった。
目の前の不安定な人間と一緒に生きることしかできなかった。
それでも一緒に生きていると
どこを押したらどう動き
どこを押したら止まるのか。
自分なりの教科書を作ることができる。

その教科書を手にした人間は強い。
どんな新製品が目の前に現れても
その教科書を自分で作ることができるのだから。
ヨーコは立派なファシリテーターになった。

人財②　ワタル見参

「まあ。一応読みましたけど。なんていうかなあ…」

俺が出した一番最初の書籍
「ダッセン」を読んだ感想を
著者である俺に直接そう呟いた。

カウンターで親友と共に酒を飲みながら
粗雑な出来の初版「ダッセン」をパラパラさせて
いかにも感じが悪かった。

それが俺に
ワタルを印象付けた出来事だった。

地域の私立大学に通うワタルは
うちの店の準常連客だった。
当時の店長ナルサワを慕ってよく店に寄りついていた。
しかし
俺との会話は少なく、どことなく距離をとっている感じの男だった。

酒が好きで
料理も大好き。
そして
何よりも車を愛していた。
俗にいう走り屋だ。

風貌からは走り屋はどうしても想像できなかったけど。

学生時代は店も含めて
学園の行事にもボランティアとして参加してくれた。
福祉系のサークルに所属し
そのトップだったこともあって
学生をボランティアに動員する際には本当に世話になった。

しかし
ワタルが何を目指し
どんな価値観を持ち
どんな人生観を持っているのかは
まったくわからなかった。
そういう話を一切する男ではなかったからだ。
あくまで俺とは。

一年多く、大学生活を送ったワタルは
実家である群馬に戻った。

祖父母を愛し
両親を尊敬し
兄弟ともすこぶる仲がよかったワタルの選択は
とても自然だった。

ワタルが群馬に戻ってからは
当然疎遠になり
姿を見ることもなくなった。

風の便りで
群馬で正社員として働いているということだけは
わかった。

俺の独立の第一歩は

実はサムガクではない。

教員を辞め
無職になってから結婚し
専業主夫をしながら訪問支援のボランティアをしていたが
教員時代の貯金は
わずか10ヶ月で底をついた。

そこで
食べていく為の仕事→RICE WORK
として
日銭が稼げる飲食店を始めることにした。

銀行通帳の貯金がゼロになった日に
不動産会社と店舗契約をし
その日から泊まり込みで店を作り始めた。

2週間で店は完成した。
店の名は「BARHID」
「バーヒデ」ではなく「バールハイド」
隠れ家ってキーワードを屋号に含ませた。
イタリアのバールにならって
バーじゃなくてバールにした。

ガスの配管はさすがに業者に頼んだが
それ以外は
すべて自分の手で作った手作りの店だ。
まあ粗末な店だったけど
俺にとっては自分の城を手に入れた瞬間だった。

昼間はボランティア
夜は飲食店で生活費を稼ぐ。
学校作るって啖呵を切って退職した俺に

「やりたかったのは水商売か」と
中傷する人も多かったが
言いたい奴には言わせておけばいいって思っていた。

だって俺は酒場が大好きだったから。

酒場には文化がある。
初めて会った大人同士でも
気軽に話ができる。
カウンターを挟んで
マスターと様々な話ができる。

そこから様々な文化が生まれる。
こんな素敵な場所はない。
酒好きだから酒場が好きってわけではなく
そこで生まれる
人の繋がりがなんともたまらなく好きだった。

だから「水商売」って言葉も嫌いだった。
俺はそこに対抗するために
「酒文化」って呼んでいる。

365日。
オープンからは1日も休むことなく営業した。
そして店には多くのお客さんが訪れ
この店で新しい出会いを果たし
素敵な人間たちがどんどん繋がっていった。

それをカウンターの中から見ているのが
本当に好きだった。
そして嬉しかった。

そんな最中
ふと気付いたことがある。

俺たちがやろうとしている
新しい学校には
様々な困難を抱えた人々が訪れるに違いない。
その様々な困難に対応するだけの
ヒューマンスキルが必要になる。

ある意味
教員を経験していた俺にだって
経験したことのない諸事情は怒涛のごとく押し寄せることは
想像ができた。
それをいきなり現場で対応していくのは
かなり難しいのことである。

どこかで
ある程度の訓練が必要。
でもそんな場所どこにあるんだ？
と思っていたが。

あった。ここにあった。

そう。
店には様々な人が訪れる。
悩みの深さは違えど
それなりに苦労して苦悩して悩んで悩んで
「酒でも飲むか」と
訪れる人だって少なくない。

ただ
ある程度社会時間にのって
生活することができているだけであって
不登校や無業者や引きこもりの人々と
大きな違いはない。

抱えている悩みや
抱えている問題。
抱えている悲しみや
抱えている悔しさ
抱えている困難。

質は違えど
人間である以上、
誰だって持っているもんだ。

そして
アルコールというテコを使って
人は陽気に
その「闇」を語り
時に笑い飛ばす。

カウンターには
とんでもなく貴重な教科書が並べられるってことになる。
それを毎日
教科書が発する言葉を傾聴することだけでも
ヒューマンスキルは上がる。

生死の境にいる人間への対応と
このカウンターにいる人々への対応と
大きな違いはない。

ちゃんと向き合えるか。
どんな場面でも柔軟に対応できるか。
価値観の違いを認めることができるか。
臨機応変に言葉を選べるか。
演じることができるか。

実は

カウンターの中の人間に求められるものと
支援を必要とする人々を支援する人間に求められるものは
ほぼ一致するのではないか。

俺はそう考えたのである。

なので
創業メンバーもすべて
店のカウンターに立たせ
そのスキルを磨いてもらうことにした。
しばらくは当番制にして店を回していたが
サムガクが忙しくなるに連れて
そんなダブルワークを強いるのも無理が生じてきた。

うちのスタッフが
歴代の店長をやってきたが
いよいよそれもできなくなったとき。

「ねえ。もう店をたたんじゃえば？　儲かってないんだから。」

スタッフから後ろ向きな提案もあったが
俺は
この原点を潰したらすべてがうまくいかなくなると
直観的に思っている。今も尚。

スタート地点を守れずして
ゴールを目指すことなどできないと。

「絶対に辞めない。俺一人でもやる！」
と啖呵を切ってその意見はとことん潰してきた。
しかしながら
俺が毎日店に立つことも難しかったので
初めて店長候補を求人してみることにした。

それも
ハローワークに求人を出すのではなく
まずは
俺がやっていたブログに

「BARHID店長急募！！
　熱き想いのある人財求む！！」

と書いてみた。
1日300人が見に来ていたブログではあったが
その中から薄給の店長を引き受ける「奇特」な人間などいるものかと
半信半疑で書いたものだった。

いた。やっぱりいた。

ブログ掲載からわずか二日。

見覚えのある名前からメールが届いた。

長岡秀貴さま

お久しぶりです。
HP拝見しました。
ハイドやらせてください。

今現在、群馬県内でチェーン展開しているドラッグストアに勤めています。今年の2月からなので、半年になります。
中途採用の試験を受け、初の正社員として働いています。ドラッグストアの店員なんか楽だろうと思って入社しましたが、見るとやるでは大違いでした。
やはり、お金を稼ぐという行為はとても尊いと痛感させられま

した。だけれども、仕事を徐々に覚え、さあこれからってところです。

で、何故ハイドなのか。
少々くさいですが、俺の青春のひとかけらは間違いなくハイドにあります。
ものすごく楽しかったあの空間にもう一度身を置いてみたいです。
でも、お客で行くのと、働くのとでは、ものすごいギャップがあると思います。楽しいことより苦しいこと辛いことのほうが多いと思います。
ですが、それでも俺にとっては魅力的です。
とにかくやりたい仕事ってやつです。
残念ながら、知識や技術は何一つ持ち合わせていませんが、やるなら今しかないと思ってます。

何日か色々考えました。今のままとどまるべきか、一歩踏み出すべきか。本当に多くの状況を考えました。そして踏み出そうと決心しました。

なんだかくすぶってる自分にクロスカウンターを喰らわせるために。

これがリアルに俺に届いた
ワタルからの熱いメッセージだった。

サムガクに集中し（決して悪いことではないが）
店に対して冷めていたスタッフたちの発言に
うんざりしていたので
このメールになんだか心打たれる自分がいた。

すぐに返信して

ワタルに会うことにした。

数日後。
仕事の休みを取って
ワタルはサムガクにやってきた。

「なあ。本気で言ってるの？　給与は安いしさ、仕事きついよ？
　通っていたからわかるだろうし
　ナルサワから内部事情は聞いていると思うしさ。」
俺がそう言うと

「全部わかった上で書いたメールですよ。
　薄給は痛いですけど
　でも頑張れば頑張った分だけ自分の成果として
　給与だって上がるだろうし。
　簡単じゃないことはわかりますが。」

正社員を蹴ってまで
やるような仕事じゃないことは
誰にだってわかる。

自分でお願いしておきながらも
なんとなく気が引けたことも確か。

それでも
男の本気さは伝わってきた。
それまであまりちゃんと話したことはなかったけど
どんな思いで来ているのかは
十分わかった。

「よっしゃ。やってみるか。
　お前なりの店にしてみな。採用！！」

そうしてワタルは

まず
BARHIDの店長として
俺たちの仲間になった。

まだこの時は
サムガクの職員になる人財であることは
知る由もなかったけど。

店長として2年。
ワタルは「それなり」に仕事をしていた。
ものすごくいいわけでもなく
あまりにもひどいとも言えない
「それなり」だった。

かといって
本人からの提案はないし
こちらから物申すようなこともなく
ある意味、小康状態が続いていた時期だった。

新規事業を展開するに当たり
どうしても
人が足りなかった。

すぐに利益が出せるような事業でもなかったから
求人を出すわけにもいかず
ただただどうしようかと
頭を抱える日々が続いていた。

酒でも飲もうかと
店に立ち寄り
ビールを注文してからため息をついた。

するとワタルが珍しく
俺に話しかけてきた。

「どうしたんすか？」

「人足りないんだ。昼間新しい店を回してくれる人間がいない。
　でももう店は工事が終わって開店しなきゃならないんだわ。」

珍しく
俺も仕事の愚痴をこぼした。

するとワタルが

「俺やりますか？　どうせ昼間は何もやっていないし。」

ワタルは店以外の仕事をなかなかやらなかった。
昼間は十分時間があるのに
何故か何もしなかった。
その状態も昼間の仕事へワタルを誘えなかった原因でもあった。

「俺にできることだったらやりますよ。
　別に今はそんなに仕事きつくないし。」

今まででワタルが
一番頼もしく思えた瞬間かもしれない。
というか
こいつにお願いする以外ないなって思っていた。

「悪いな。じゃあ頼むわ。二つの店回すのは大変だけど。」

「わかりました。詳しいことは明日学校で。」

そんな簡単なやり取りで
ワタルはBARHIDとHIDAMARIという

生徒たちの職業訓練場として新設した
雑貨屋を切り盛りすることになった。

HIDAMARIは
地域のご婦人方が趣味で作っている一点物の商品を預かり
委託販売する店。

会員登録しているご婦人方が
気まぐれに商品を持ち込み
売れた金額の数パーセントを手数料として
頂戴する店だ。

ご婦人たちとの関係も
お客さんとの関係も
持ち前の物腰の柔らかさで
なんなく対応していった。

ダブルワーク。

俺たち創業メンバーが
常に課していた日常を
ワタルがやり始めたことで
なんとなく
「こいつは現場にむいているのでは？」
と思うようになった。

HIDAMARI開業から３ヶ月。
夜の店で
俺はワタルにひとつの提案をした。

「なあ、ワタル。４月から学校に来ないか？
　もちろん現場スタッフとしてだ。」

突然の申し出に
少々戸惑っている感はあったが
ワタルもそれなりに考えていたようだった。

「あの。実は俺もそれお願いしようかなって
　思っていたところで。
　実家の両親も学校の方で雇用してもらえないのかって。」

そりゃそうだ。
大事な長男が正社員を辞めて
バーの店長になるなんて心から応援する親なんて
いないだろうし。

店の経営よりも
間違いなくワタルの資質は
学園の仕事のほうが活かされるはずだ。
ご両親への受けもいい。

「お前がそう思っているならさ
　4月から学校に来るか。
　大変な仕事だけど
　仕事なんてみんな同じ。
　この店2年も回したんだから研修は済んでるしな。」

「わかりました。何もできないかもしれませんが
　よろしくお願いします。」

こうして
ワタルは7番目のスタッフとして
サムガクに入職することになった。

この瞬間。
チームウエストから
チームサムガクになったのかもしれない。

今までのスタッフは皆
教え子であり
母校が一緒。

初めてそうでない人間が
仲間になった。

担任になったワタルは
やっぱりワタルだった。

店長時代と変わらず
すこぶる良いわけでもなく
すこぶる悪いわけでもない。
「それなり」の存在だった。

でもそのそれなりが
このメンバーには必要だったのかもしれない。
言葉は悪いがうちのスタッフたちは
みんな灰汁が強かった。

俺自身が一番強いから
あまり気にならなかったが
ワタルの加入によってそれが顕在化した。

それは大きな気付きを
俺にもたらす結果となった。

俺のような人間の頭の中を
極力理解したメンバーが
作ってきた学校であるからして
かなりの偏りがあって当然。
でも

当の本人たちはそれに気が付かない。
自分たち以外の考え方は
なんだか違う気がして
暗黙の了解のごとく排除してきたのかもしれなかった。

みんなが盛り上がっているのに
一人だけ乗り切れないワタルは
見方によっては
冷めているように見えた。

でも違った。
一般的視点からは
まちがいなくワタルの視点で
俺たちは見られている。
サムガクは特別である必要はない。
目指すべきは
普遍的な社会的資源。
自己満足に陥り
誰からも理解されないことがアイデンティティーだなんて
喜んでいる団体にはなりたくなかった。

「それなり」のワタル視点が
間違いなく
ワンランク上のサムガクを作り始めている気がした。

そんなワタルも
担任を持つことになった。
なんの経験もないワタルだったが
人とのかかわり方はかなり上手だった。
温和で優しいし
人当たりもいいので生徒たちともすぐ打ち解ける。

しかし
打ち解けた後がワタルらしさと言えばらしさなのだが

見ていて気をもむことが多々あった。

突っ込めない。

ファシリテイターは時に
支えるだけでなく
寄り添うだけでなく
叱咤する側になる必要がある。

ただ優しいだけの支援者は三流。
管理することができるようになると二流。
でも
本気で叱ることができないと一流にはなれない。

誰だって
悪者になるのは嫌だ。
できれば損な役回りは避けて通りたいのが自然。
でも
避けて通れないのがこの仕事であったりする。
それができなければ
本当の支援はできない。

それなりのワタルに
一人の生徒によって転機はもたらされた。

とにかく大変な生徒だった。
本当に優しくて
人を傷つけまいと自分を極端に傷つけることを選ぶ。

その衝動は突然やってきて
ワタルを困らせていた。

「今。川にいるんですけど。見つけました。二人ともずぶ濡れで

す。」
学園から姿を消した生徒を探していたワタルから電話が入った。

近所の川に腰までつかって泣いている生徒を見つけ
川から引きあげた後だった。

そのまま学園に連れてきて
着替えさせた後
ワタルはその生徒と話をしていた。

怒ることもなく
声を荒げることもなく
ただただ優しく慰めているワタルがいた。

「過ぎたことはしょうがねえべ。大丈夫だよ。
　頑張ろう。な、頑張ろう。」

そう言って生徒を励ました。

東京で先輩と飲んでいる席だった。
ワタルから電話が入る。
「あの〜。どこかにいってしまったんですよ。お父さんから連絡
　が入って…」

ある地点で目撃されたあと
消息が不明になったその生徒を
スタッフ総出で捜索中のようだった。
真っ暗な山の中の湖。
ワタルの電話の向こう側で他のスタッフが
生徒の名前を叫んでいるのが聞こえた。

「わかった。すぐ帰るわ。」
そう告げて先輩に頭を下げ店を出た。
新幹線の最終に乗るために東京駅を目指した。

「見つかりました。お父さんが見つけたみたいです。」

翌日。
その生徒と話をしているワタルがいた。
ニコニコしながら
時に冗談を交えてその生徒と談笑していた。

やっぱり怒らなかった。
優しく話を聞き
慰めるワタルがいた。

「危ねえなあ。」
俺はワタルのやり方に不安を覚えた。

人間は
強くなければ生きてはいけない。

厳しくすればもっと自分を責める。
そしてもっと大きな事故に繋がる可能性はある。
自傷意識が強い生徒から
支援者はある意味脅迫的関係を迫られる。

この一言が。
この行動が。
もしかしたら…

そう思うと
腹が立っても叱ることすらできない。
でも
それはある意味、迎合であり
初期段階では当然間違った支援方法ではないが

それを続けると
次第に特別感を失い
極度の依存関係を生む。

気持ちが振れた時に
騒動行動は支援者に向けられ
それに応えない支援者に怒りが生まれる。

さらに依存性は強まり
最終的にはお互いが潰れていく。

本当の信頼関係を築くためには
どこかで
鬼にならねばならない。
間違っていることを正し
自分はどれだけお前のことを思っているのかを
優しさではなく
強さで示さねばならない時がくる。

でもそれは同時に
恐怖も伴う。

強くなければ
叱ることはできない。
強くなければ
鬼にはなれない。

案の定
その生徒はワタルへの依存傾向を強め
様々な衝動行為を繰り返した。

ある日の放課後だった。
すべての生徒が帰った後に
ワタルとその生徒は教室で話をしていた。

またいつもと同じ
堂々巡りの話だったようだ。

いつものように生徒のスイッチが入り
その生徒は
突然
2階の吹き抜けから飛び降りようとした。

それをとっさに飛びついて
抱き上げ
教室に叩きつけるワタルがいた。

「何やってんだよ！　いい加減にしろよ！」

多分。
ワタルが初めて声を荒げた瞬間だったかもしれない。
下のスタッフルームにも
ワタルの声は聞こえてきたから。

生徒の泣きじゃくる声が聞こえる。
ワタルの怒鳴り声も響き渡る。

そんな声を聴きながら
俺は笑みを浮かべていた。

これができれば間違いなくワタルは
本当の支援者に近づくと思ったから嬉しくなった。
不謹慎だけど。
珍しく
苛立ちを隠せない表情で
ワタルは俺のところにやってきた。

「マジで飛ぼうとしたんすよ。アイキャンフライ！　って。
本当にびっくりですよ。なんでかなあ。」

傷ついてきたんだから優しくしなきゃ。
ちょっとのことでその傷口は開くんだから優しくしなきゃ。

そう生徒たちと接してきたワタルが
初めて生徒に対する苛立ちをぶつけてきた。

いいぞ。これだこれ。

俺たち支援者も人間である。
聖人ではない。
だから
怒りを抱いてもいいし
ムカついてもいい。
腹を立ててもいいし
大声で叱ってもいい。

それは
その人間に愛情があるからだ。
大切だと思うからこそ
生まれてくる感情だ。

愛憎は表裏一体。

愛するからこそ憎み
憎むからこそ愛している証拠になる。

これが家族であると
どうしてもその負の連鎖から解放されることは難しい。
だから
第三者がそこに介入し
その連鎖を違う形で断ち切る。

その武器は
やっぱり愛情だったりする。

いつ何時でも優しかったワタルに
その生徒はさらに近づいた。
でも依存じゃない。
本当に信頼されていることを実感したから
もっと信頼されたくて近づいた。

友情とは違う。
恋人とも違う。
親子とも違う。

同志。
一人の人間の明日を創ると決めた
同志としての信頼関係が生まれた。

「仕方ねえべ。過ぎたことは。でもな、これじゃダメだ。
　なんでこうなってしまったのかちゃんと考えようぜ。」

まだまだ突っ込みの鋭さはないが
間違いなく
ワタルの生徒たちへの接し方は変わっていった。

どこかで自分が悪者になる。
どこかで自分が鬼になる。

でも
その関係さえ切らなければ
鬼は必ず人々に認められるのである。
愛されるのである。
あの青鬼のように。

人は強くなければ生きてはいけない。
しかし
優しくなければ生きていく資格がない。

ワタルは本物になる為に鬼の練習真っ只中に生きている。
この青鬼が覚醒する時
間違いなくサムガクの「希望」となる。

人財③　トモさん見参

委託事業受託に伴い
サムガクの事業展開も大きくなろうとしていた。

俺のコネクションでも
これ以上の人財確保は難しく
それも期限が迫られる案件であったために
開校以来初めてハローワークへ求人を出すことになった。

こんな団体なのに
求人を出すとめちゃくちゃ問い合わせがある。
ハローワークへの求人は
原則限定求人が出せない。
例えば年齢や性別など
限定して募集することはできないのである。
なので
様々な人々がやたらと募集してくるんだ。

ハローワーク担当者から
電話が鳴りまくる。
その後に
大量の履歴書が送られてくる。

それに全部目を通し
まずは書類選考。

申し訳ございませんの場合は
手紙を添えて
履歴書を返信する。

その後
この人は会ってみたいなあという方にだけ
二次面接の通達を出す。
そして面接の嵐。
大体会ってみると
うちに合っているかどうかわかる。
こういう仕事をしているので
そういう直感だけは鋭い。

違うかな？

と思うと
どうでもいい話をして
お引き取りを願う。これが辛い。
こんな学園で働きたいと思ってくださった方を
お断りするのは本当に辛い。

そんな面接者の中に
年齢不詳の女性がいた。

それがトモさんだった。

ある方から
「ナガオカさん！　絶対に素敵な方だからお願いね！」
なんて推薦まで受けていた。

主婦で3人の娘さんを育て上げた方。
その時点で
俺の尊敬に値する方だったりする。

今までは一般企業の
総務をやられていた実績もあった。
そして
俺の講演を何度か聞いて
この学園に興味関心があったことも
俺の大きな安心材料になった。

それでも
今までは全部教え子。
そんでもって年下の若僧ばかりと
仕事をしてきたので
年上の方を採用することにそれなりの躊躇はあった。

「どうしてうちなんですかね？　大変な仕事だし給与も安いですよ？」

誰にでも尋ねることを
トモさんにも聞いてみた。

「ずっと興味はありましたが、私が就けるような仕事ではないと。
　でも子どもを3人育ててきたことは
　この学園の役に立てるかもしれません。
　採用されなくても何かご協力できればなと思っています。」

なんかずっしりきた。
女性としてのしなやかさと
母親としての強さ。
ちょっと俺には敵わないなあって正直思った。
そのうち間違いなく顎で使われるようになるんじゃね？
なんて心配まで。

でも
経験者は本当に必要だった。
子育ての経験者。
社会人としての経験者。

なんせ
うちのスタッフたちは
うちが最初の就職先で
一番長く続いた仕事みたいな集団だったし。

人生の先輩として
俺よりもしっかりした方がいてくれるだけで
どれだけ安心して仕事ができるか。

入職当初は本当に遠慮がちなトモさんだった。
すべての職員に気を遣い
主宰者である俺にはさらに気を使っているのがわかった。
そしてそれがトモさんにとってかなりハードな毎日だったってこと
も。

とにかく滅茶苦茶だったから。うちの職場は。
一般的な常識がまったく通用しない職場。
通用しないことと理解できないことの連続。
にもかかわらず、事は次々と進んでいき
終わったと思えば
「おーし。今度これやろうぜ！」
なんて俺が言う。

「えー。嫌だよそんなこと。」
「どうせ私たちがやるようになるんでしょ？」
「また始まったよ。」
なんてことが当たり前に飛び交い喧嘩になる。

で
結局はやることになるんだけど
みんなゲラゲラ笑ってる。

そんな毎日をトモさんは
どんな気持ちで過ごしていたんだろうか。
今考えると本当に申し訳ない。

俺が心配する必要がないくらい
「しょうがねえガキどもだなあ」って
笑っていたんだろうなって思うんだけど。

そう。
いつもトモさんは
「外からの視点」「外からの考え」を持っている唯一のスタッフ
だった。
ガシガシ自己主張はしない。
でも
ここぞというときに
静かに、そして的を得た発言をした。
だから誰もそれに何も言えない…
「ごもっとも」
みんな心の中でそう思っていたに違いない。
主宰者である俺がそうだったんだから。

NPOのような仕事をしていると
とかく陥るトラップのようなものがある。

「俺たちはいいことしている」

まずはこれだ。
目の前の問題を解決するために
俺たちは俺たちの財産をすべて使っているという

自負が生まれる。
それはとても自然なことだ。悪いことじゃない。
それが間違いなく「パッション」に繋がる。

しかし猛烈な「パッション」の中に居続けると
それがあたかもすべてにおいて「素晴らしいことである」と
勘違いし始めるのだ。

社会問題はどこそこにある。
どんな人の足元にも転がっている。
その種類は千差万別だし
それが目の前に現れるのも千差万別。

にもかかわらず
極端に言うと
「今ここで起きていることを大切に思えない人々は悪だ」
的感情が芽生えてくる。

お互いに迎合しあい
そして
一般的な思想を失っていく。

TPOを無視したり
時にルールを無視したり。
俺はそういうのがとても嫌いな質である。
とかく
破天荒でルール無用な人間に思われがちだが
これでいて
結構ちゃんとしているはず。多分…

それでも
俺たちの小さな学園はそのトラップに陥りがちだった。

俺が気付かないわけだから
スタッフたちも気付くはずがない。

異質な俺たちを
世間はどう見ているのかさえ気付かないわけである。
今考えただけでも恐ろしい…

しかしトモさんの思考は
その歪もうとしている俺たちの方向性を正してくれていた。

スタッフ全員が年下だった俺にとって
トモさんの加入は大きな心の支えになった。
本心は
「こんな若造。本当に危なっかしいなあ」だったかもしれない。
でもこんな俺をしっかり立ててくれて
それでもって
「トモさん。これどう思う？」と尋ねると
必ず一回頷いてから
「いいと思いますよ。でもこの点だけはしっかりとやる必要はあ
　りますけどね。」
と提案してくれた。

何も考えていない人だったら
即答できるはずがない。

大抵俺のアイディアはくだらない雑談の中から実現に向けて生まれる。
それを聞き逃さずに
その時点で検証考察を行っていなければ
その即答は無理である。

社会人経験が豊富で
子育てもばっちりこなしてきたトモさんが
日常的に耳にする俺たちのトンチンカンな会話は

本当にトンチンカンだった思う。

そのままトンチンカンでいけば
トンチンカンで終わる。
信頼も得られなければ
会員も生徒も集まらなかっただろう。

でもそこにリベラルな楔が入れば
今までにない斬新かつ洗礼された先駆的な事業が生まれるのだ。

組織にYESマンばかりだと独裁組織になる。
しかし
組織がNOマンばかりだと
魅力を失い、活気を失い、平々凡々な
現状維持組織しか育たない。

大切な人財は
「ただのYESマン」ではならないってことだ。

この学園の未来にとって
「何がYESなのか」を考えて
何をすればいいのかを提案できる人財が必要だってことだと思う。

YESマンよりもNOマンよりも
さらに上のステージを見ている人財。

そしてそのステージにいる自負と共に
底知れぬ優しさを持っている人財。

NPOのような組織には間違いなくトモさんのような人財が必要不可欠である。

総務の仕事はかなり過酷で
同時に生徒との関わりも少ない。
だから実際に生徒たちや保護者から感謝や労いの言葉が
得られにくく
仕事のやりがいを感じづらいポジションでもある。
そして
組織の中でも常に「厳しさ」を求められる。

どんなポジションでもそうだが
それなりに不平不満は出て来るもんだ。

俺なんかは「へー。そうなんだ。大変だな」で
済ましてしまうんだけど
総務がそうだったら
こんな小さな学園はあっという間に消滅してしまっただろうっ
て思う。

時に職員にとっても厳しい存在である必要があり
そして
生徒や会員、行政関係や企業にとっては
決してミスの許されない仕事だったりする。

トモさんが入職してから２年。
トモさんの口から不平不満を聞いたことがなかった。

なかったはずはない。
もしかしたら
家に帰ってとんでもなく吐き出していたかもしれない。

それでも
いつもトモさんは
リベラルな考え方、リベラルなスタンスで
危なっかしい俺たちを支えてくれた。

それが俺にとってどれだけの安心を担保してくれたか計り知れない。
でもしっかりしているだけでは
サムガクではやっていけない。
同じ匂いっていうか
可笑しみとユーモアが感性として身についていないと
困難を「笑い飛ばせ」ない。

トモさんは
見た目も若々しいが気持ちはさらに若々しい。
俺が目指したい「素敵な大人」の一人だ。

でもトモさんもやっぱり「サムガク類」だったりする。

サムガクでは
年間何度もイベントを企画し運営する。
面白いイベントではあるし
サムガクでしかできないイベントばかりだが
まあ、しんどい。（とても疲れる）

ゲストの宿泊を伴うイベント時には
最終日に疲労のピークが訪れることは避けられない。

そのイベント時の
トモさんのポジションは
ゲストへの食事の提供だった。

バランスを考え
さらに経費削減に努め
美味しい料理を提供してくれるトモさんだったが
最終日に事件は起きた。

翌日の食事の仕込みを終え

疲労困憊状態で
「今日はお先に上がります。」
なんて言って帰って行こうとしたトモさん。

珍しく何かを探していて中々出ていなかった。
「どうしたの？　何かみつからない？」
そう尋ねると
「えーと。すみません。眼鏡がみつからなくって…」

しばらくみんなで探してみたがトモさんの眼鏡はみつからなかった。

「大丈夫です。うちにもう一つあるんで。」
首をかしげながらトモさんは帰っていった。

翌日。
ゲストの皆さんにサムガク流のランチ「流しそうめん」のご提供。
ゲストの皆さんも大いに喜んでくれた。
まあ、中々流しそうめんなんて体験できないから。

スタッフがゲストの皆さんに
そうめんつゆを配っているときに「それ」は姿を現した。

つゆの出汁を取るために入っているのだろうと思っていたものは入っていてはならないものだった。

予想されるに
トモさんは疲労がピークに達し
「うとうと」しながらそうめんつゆを仕込んでいたものと思われる。

その際。
頭にのせていた眼鏡が
そうめんつゆの鍋に落下…

それに気が付かないトモさん。
「眼鏡がない」に繋がったわけだ。

トングに挟まれた眼鏡を見て
「やーだー。もー」ってトモさんは笑った。
しっかり者なんだけど
こんなミラクルを起こせる人財が
サムガクの「希望」だ。

HOPE 6
覚悟という困難

命を預かる覚悟。
言葉にすることは簡単だし
それを軽々しく口に出す人もいる。

しかし
本当に他人の命を預かるってことは
容易にできることではない。
できたとして
例えできたとしてだ。
それが現実的に可能なのは
血の繋がった家族だけなのかもしれない。

俺自身も例に漏れない。
高校教師時代。
本気で生徒に向き合ったし
生徒の為ならなんだってする。
必要だったらこのチンケな命だって差し出したって構わない。
頭の中ではそう思っていたし
アルコールで得た勢いを借りて口に出したこともあったかもしれない。

でも
実際にそういう場面に出会うことはなかったし
教員は本当の意味で
命を預かる環境にはない。厳密には。

生徒たちは
一定の時間に登校し
一定の時間に下校する。

その間、与えられた職務を全うすればよかったし
家に帰ってからのことに責任は生じない。
まあ、それなりに生徒指導上の問題はあって

夜中に呼び出されたり
家庭訪問しなければならない状況もあったけど。
職業人教員はそれすらも無視することはできるし
無視したからといって非難されることはないし
職を奪われる危険さえもない。
そして何よりも
6年間ないし3年間という
限られた時間の中での「限定された」関わりという大前提があった。
それが良いことだとか悪いことだとか言いたいのではなく
それが当たり前であり制限の中でできる事のすべてだった。

だから口には出していたし
頭ではなんとなく考えてはいたけど
本当に他人の命を預かる覚悟なんてできていなかったんだと思う。

他人の命を預かるってことは
その命に自分の命を差し出せるかってこと。

恥ずかしい話になるが
俺が本当の意味で
自分以外の人間に命を差し出してもいいって思えたのは
ひとり息子が誕生した翌日の事だった。

3970グラム。
ほぼほぼ4キロまでに妻の子宮の中で成長したチビが
この世に誕生するにはそれはそれは困難があった。
デカ過ぎたから
なかなか出てこなかった。
妻が陣痛室に入ってから3日。
3日かかってチビはこの世に生まれてきた。
チビもさながら妻の苦しみは想像を絶する。
粋がって出産に立ち会ったがなんの役にも立たなかった。

賛否両論があることを踏まえて
立ち合い出産は正直お勧めしない（笑汗）

ラマーズ法とやらの呼吸法を
妻と一緒にやってくれと指示を受け
「ひーひーふー」なんてやってた。
何時間もだ。

看護師さんが
「奥さんが過呼吸気味になって
　手足の痺れを訴えると思います。
　そしたら紙袋を渡しますので使ってくださいね。」
なんて言ってくれたんだけど
強制的にひーひーふーを繰り返してたら
俺のほうが過呼吸気味になり
手足がしびれはじめた。

まずい。これは一番恥ずかしいパターンだ。
なんとか回避しなければと
普段は回らない頭が回り始めた。

「すみませーん。なんか過呼吸気味みたいなんで
　紙袋もらえますか？」

そう看護師さんに訴え、紙袋をもらった。
主語をつけないところがうまくいった。
そういう時だけはダメな脳みそは機能するらしい。
看護師さんには
俺ではなくて妻用だと思ってもらえた。

カーテンを閉めた後。
紙袋を使ったのは俺の方だったし（笑）
挙句の果てに

出産後に自宅に帰った直後
玄関でぶっ倒れた。

夕方に玄関で目覚めた時は
あれからどれくらいの時間がたったのか
何故ここで寝ているのかさえわからなかった。
女性はこの疲労困憊にプラスして
男には想像もできない出産に伴う「激痛」が襲う。
すげえな。女の人って。
いやはや男は
女性が人間の正規品で男は不良品であることを
出産という経験を通して実感せざるを得ないのである。

妻の着替えを用意して
親友と共に病院に向かったのは太陽が西の空に沈んだ頃だった。
周りの新生児とは比べ物にならないぐらいデカいくせに
チビは透明な保育器の中にいた。
その時ははっきりとした説明は受けなかったが
保育器に入る必要があったということだ。
新生児ってのは
何時間見ていても飽きないもんだが
面会時間もあったのでその日は家に帰って泥のように眠った。

翌早朝。
俺の携帯が鳴った。
一瞬にして電話に出たのは
その呼び出し音がなんとなく、嫌な啓示を孕んでいたからだ。

電話の向こうでは泣き叫ぶ妻がいた。
まあ、冷静でいられるはずがない。
チビが救急搬送されるからすぐに来てくれとのことだった。

何故保育器に入れられていたのかが
ようやく合点すると共に

飛び起きて支度をすませ病院へ向かった。

病院の前には赤色灯を回転させた救急車が止まっていた。
これにうちのチビが乗るのかと思うと鼓動が早くなっていくのがわかった。

新生児室に行くと
チビは緑色の搬送用ケースに入れられようとしているところだった。
しかしデカすぎて入らない（笑）
急遽隊員の方がタンカを用意して救急車へと運んで行った。

ベッドの上で泣きじゃくる妻に
「大丈夫だから」と根拠のない言葉を残して
ドクターの説明を聞きに行った。

デカくなりすぎたチビは
お腹の中でかなりの羊水を飲んでしまっていたらしい。
それも排便排尿もしていて汚れた羊水をだ。

「ちょっとね。危険な状態です。総合病院のNICUへ搬送します。
　でもねお父さん。救急車には絶対についていかないでね。
　慌てなくていいので病院に向かってください。」

そう言われてもね。
「はい、わかりました」なんてなるわけない。

サイレンを鳴らしながら
チビを乗せた救急車の後をついて走る俺がいた。
時効ではあるが
信号無視連続で救急車の後ろをテールツーノーズで走った。

そのわずか10分程度の時間。

俺の頭の中には同じ言葉が繰り返されていた。

「もしも神様が存在するならば
　今この瞬間からあなたの存在を信じます。
　なので
　この命と引き換えにチビの命を助けてください。」

恥ずかしい話だが
全身の震えと涙が止まらなかった。

あの時。
自分が死ぬことなんてどうでもいいって思えていた。
一瞬にして奪われても構わないって。
覚悟を超えた不思議な感情だったように思う。

多分。
あの瞬間。
俺は「人の親」になったんだと思う。
親になるって
そういうことなんだなって思えた。

親だからできる事。
命を預かるってことはそういうことなんだと思う。

それを赤の他人がどこまで覚悟できるのか。
サムガクを開校して3年目。
俺たちはその壮大なテーマを目の前に突き付けられていた。

本当に自転車操業ままならぬ
その自転車さえもチェーンが外れて
漕げども漕げども
空回りしているような経営状態。
そんな俺たちに思ってもみなかった事業が提案された。

当時、長野県の若年者支援を担う部署にいた
二人の行政マンがサムガクに訪れた。
何度かお仕事をさせて頂いたお二人で
俺にとって本当に頼りになる方々だった。

「ナガオカさん。この事業。とりにいってみませんか？」
イケダさんは真剣な表情で
難しそうな仕様書を差し出した。

「若者自立塾」

この言葉を目にしたのは
その時が初めてだった。

厚生労働省が企画する
困難を抱える若者の自立を支援するスキームで
合宿所を設け
24時間のプログラムで若者を預かるってやつだ。

大げさに言うと
365日24時間、若者と向き合うってこと。

通学制でやってきたサムガクにとっては
到底手を出していいものではないって思えた。
そもそもそこまでの覚悟なんてなかったし。

脱教師から開校までの間。
ボランティアでアウトリーチ活動を続けていた俺は
壮絶な困難家庭を目の当たりにしていた。
追い詰められた若者たちの衝動が起こす様々な出来事は
生半可な気持ちで太刀打ちすることなどできなかった。

家族だから耐えられたんだろうし

アウトリーチ（訪問支援）は、訪問した時だけそれと向き合えばいいわけだし。

その若者たちを
家族から乖離させ
我々が責任もって預かるわけだ。

預かっている間の責任は
間違いなくサムガクにあるし
主宰者の俺自身にある。

さらに経験の浅いうちのスタッフたちに
そんな過酷な仕事をさせていいものか。

悩みに悩んだ。
しかし
国からの委託事業は
年収24万円だった俺たちにとっては
信じられない予算が付いていた。
まあ、今となってはそれもあまりにも小さな予算だと思えるんだけど。

うちのスタッフたちに
ちゃんと給与が払える。
俺の借金返済も少し楽になる…

正直そんなことばかりを考えていた。
とりあえずスタッフたちに提案してみた。
こんなんあるんですけどって。

「NO！」
「やだよそんなの。」
「できるわけないじゃん。」
「誰が宿直やるのよ。」

反対拒否のオンパレード。
はいはい。その通りですなあ。
やっぱりやめとこ。そんな覚悟もてねえし。

スタッフの総意でもって
この事業への参加は辞退することにした。

しかし。
あのお二方は引かなかった。

優しさが全身ににじみ出ているキノシタさんは
笑顔できっぱりと俺にこう言った。

「大丈夫です。ナガオカさんたちのやっていることは
 全国に通用します。
 そして何より。ナガオカさんたちは未完成だ。」

未完成。
アホな俺はその言葉に心を撃ち抜かれた。

うんうん。わかってくださります？
まだまだ未完成。
ってことはこれからの伸びしろはたっぷりあるし
そのうち大化けしますよ。うちのチームは。

小躍りしながら
そう心の中でつぶやく俺がいた。

「でも、企画書とか予算書とか難しそうですよね？
 俺そういうの書いたことないし…」

現実的な不安を漏らすと
俺の言葉にかぶせるようにイケダさんはこう言った。

「それも大丈夫です。私が責任もって助言します。
　必ず受託できる企画書を一緒に作りましょう。
　この事業が長野県でできるのは
　ナガオカさんたちしかいない。
　そしてそのサムガクは
　長野県の若者たちの未来に大きな光になるはずですから。」

そこまで言ってもらって
「いや無理です」なんて言えるはずがない。
そもそも
自分のことはどうでもいいが
仲間をほめられることにとにかく弱い…
スタッフの承諾をとらずに
俺の中で、もうやることに決めていた。

NPO設立の時以来。
本格的な書類作りが始まった。
提出期間は1ヶ月あった。
俺はスタッフたちに
「この事業をやるかやらないかは
実際にある自立支援団体をお前たちの目で見て
できねえなって思えばやらないし
やれるかもって思えばやる。
だからみんなで手分けして視察行こう。視察。」
そう提案した。

事業に対しては反対であっても
「視察＝県外旅行（飲んだ後ご当地ラーメン）」が
インセンティブになる連中だってことは
よく知っていた。

思惑通り。
「視察ならね。いいよ。視察なら。」

スタッフたちは乗ってきた。

その視察に
キノシタさんとイケダさんも
可能な限り同行してくれた。

県の仕事として視察を作ってくれ
そこに俺たちが同行する。
本気で金がなかった俺たちにとっては
神様に見えた。

俺たちは二手に分かれて
それぞれこの分野ではパイオニアであり
先進的な支援活動をしている団体への視察に出かけた。

俺が最初に訪れたのはパイオニア中のパイオニアである団体。

「NPO法人青少年自立援助センター」

主宰者である「工藤定次」さんはこの業界で知らない人はいなかった。
もともと「タメ塾」なる私塾を運営されていて
その後
そこに訪れる様々な困難を抱える子ども若者への支援へと発展。
東京都福生市にある本部は
とてもNPOの建物とは思えないほどデカく立派だった。
こんなスゲーNPOと同じことを自分たちができんのか？
建物だけで圧倒される俺がいた。
さらにお忙しい最中
ご対応下さった工藤さんの「オーラ」に
さらに圧倒されることになる。

自分が準備してきた質問事項に応えて頂く形で

工藤さんは淡々とお話ししてくれた。

単なる精神論ではなく
「どうやったらうまくできるのか」を
具体的な方法論を包み隠さず教えて下さった。

「パクれるもんは全部パクれ。できるならな。」
そう言って笑った。

いやいや…とてもじゃないけどマネなんかできね。
でも
大きな柱を見せてもらったことで
俺たちができることがなんなのかが
よくわかったような気がした。

合宿型支援の重要ポイントとなる食事に関しては
俺の考えと工藤さんのお考えは大きくずれていた。

俺は
食事はすべて生徒たち自身が作り
みんなで一緒に食事をとることが
生徒たちにとって、とても大切な力に結びつくって思ってた。
食材が届き
それを生徒たちが当番制でつくる。
作る側と食べる側を常に経験し続ける。
上げ膳据え膳だったであろう生徒たちにとっては
とてつもない経験になるはずだ。

そんな構想を話すと工藤さんはほくそ笑みながらこう言った。

「そんな無駄なことしないほうがいいぞ。
　その時間、利用者たちが少しでも交流できる時間にあてたほうがいい。
　作業ではなく

どうでもいい時間のコミュニケーションがあいつらには必要だからな。」

疑問よりも
どちらかというと
なるほどって思った。

先人の言葉は真摯に受け止めたほうがいい。

教育実習中。
若気の至りで担当教官に持論をぶつけ
見事に潰されかかった。というか潰された。ぺしゃんこに。

俺の考えが正しいとか
担当教官の考えが正しいとか
そんな話ではなくて。

先人が経験し
その経験の中で得た「知恵」や「理論」のほうが
未経験の人間よりも間違いなく
効率がいいって話だ。

ゼロから新しい発見などありえない。

この世の「新発見」のすべてが
先人たちが歩いた道の上に転がっていたものに違いないから。

だから見つけようと努力した。

このパイオニアが気付いた
その先にある何かを見つけられなかったら
パクることができなかったら
俺たちの存在意義は希薄になる。

パクったうえで
新しい発見に繋がった時
初めて「アレンジ」って言葉が使えるようになるんだ。

お言葉は真摯に頂戴したが
俺たちのやる合宿型は「自炊」でやっていくことを覚悟した。

工藤さんもおっしゃったように
これから受け入れるであろう若者たちの一番の脆弱性は
間違いなく「コミュニケーション能力」なんだと推測もできた。

だから安心できる環境で
コミュニケーションの経験を積ませていくことは重要だし
それはよく理解できた。

しかしだ。
元々コミュニケーションが苦手な奴らが揃って
話なんてできるんだろうかって思ったのも確か。

まあ
そもそもコミュニケーションが得意な人っているんだろうかって話。

昨今。
日本人はコミュニケーション能力が低く
引っ込み思案である的話が普遍的になっている。

それが何か問題でもあるんだろうか？
俺はそう思っていた。

無理くり自分の考えを人に伝えられる能力を上げたところで
逆に
様々な軋轢や摩擦を生む能力に拍車をかけるだけなんじゃない

かって。

「出力」はもろ刃の剣。

すべての問題は誰かが発した一言が起因していることは間違いない。
それを「受け止める」「受け流す」「とりあえず理解する」
っていう「入力」の力がなければ
いくら出力を鍛えようと
集団の中で打ちのめされる可能性は高くなるはずだ。

だから
コミュニケーション力向上に必要不可欠なのは
出力の鍛錬ではなく
「入力力」を手に入れることだ。

「入力力」の鍛え方は後述するとして
合宿型訓練でのコミュニケーション力向上の柱は

「生活言語の復活」でいいと思った。

そもそもだ。
人類が家族を形成しその先の社会を構築したのは
歴史的に見てもごく最近のこと。
それ以前の人類は
自分の考えなど相手に伝える必要はなかっただろうし
相手の考えを察することなんてしていなかった可能性が高い。

言語の代わりに暴力によってそれを手に入れていただけではなかろうかってこと。

欲しいものは力づくで奪い
住みたいところに住む。

だから領土が生まれ、領土の奪い合いが始まり
最終形として「戦争」なんてものが生まれちまったわけだ。

今も昔も
社会最小のコミュニティーである
「家族」の中でのコミュニケーションの基本は
間違いなく
「生活言語」だと思う。

「眠いから寝る」
「お腹すいたから食べる」
「部屋が汚いから掃除する」

なんていう
ごくごく当たり前の営みの中にあるものを語源化し
相手に伝えるだけ。

「ねえ。その食器運んで」とか
「その鍋の火を止めてくれる？」とか
「そのキュウリ切っておいてよ」とか。

そこに生まれるコミュニケーションに
争いの起因性はない。

しかし
文化的貧困に陥っている家庭の中では
このコミュニケーション能力さえも奪われていくのだ。

その結果として
家族以外の集団の中で
その脆弱性は顕著となり様々な不全状態へと発展していく。

そして

その原因は「自分自身にあるのではないか」と
自己卑下が始まり
単純な会話のやり取りさえも自信がなくなり
コミュニケーション自体を拒絶するようになる。

そもそも
コミュニケーション能力の定義が
余りにも高いところに設定されていて
それを必死になって身につけようとすればするほど
うまくいかなくなっている気がしてならない。

本人のせいではない。
単なる環境への脆弱性の問題だ。

だから
その訓練をすればいい。

家族以外の他人との共同生活の中に
自然とその能力の復活を裏付けるプログラムを入れればいい。

それが「当番制の自炊訓練」だったわけだ。

それぞれの視察現場から感じ取った感想や
アドバイスを集約し
俺たちなりにもう一度「俺たちにできるのか」を話し合ってみた。

想像で物事を考えると
間違いなく人間はセーフティーを選択する。
まあ当然。
しかし、現実を目の当たりにし
少しでも心が揺さぶられちまうと
「やれるんじゃないか？」

「面白いんじゃないか？」
「もっとスゲーことできるんじゃないか？」
なんていう希望的妄想が生まれてくる。

元々守るべきものもなく
できたてホヤホヤの素人集団の法人。

視察を終えたスタッフたちの頭の中は
「できる・できない」の判断ではなく
「やるか・やらないか」の判断になっているのがわかった。

「まあとにかくさ。受託できるかどうかわかんないわけだし。
　とりあえずだ。俺たちのやっていることをお上に判断してもら
　えるいい機会かもしれないからさ。
　企画書は出すぞ。そんで受託できたらやる。ダメだったらそれ
　まで。
　いいな。」

みんなの顔に不満は１ミリもなかった。
もうやりたくて仕方がねえんじゃねえかって思えた。

本を書いた時以来
真剣に物事を書き込んだかもしれない。
丁寧にそして情熱的に。
通用するかどうかじゃない。
今ここで、若者たちが若者たちを育てようとしている事実を
誰かに伝えたくて仕方がなかったのかもしれない。
今まで経験したことのない量の資料を作り
厚生労働省宛に郵送した２週間後。

「書類審査通過」

の通知が届いた。

「うっし！」
まだ小さなガッツポーズしか出なかったが
それなりの手ごたえを感じたことは確かだった。

二次審査は面接。
企画書に基づき専門家が質問攻めしてくるって噂だった。
この事業にはNPOだけでなく
大手企業も参入しているってことも事前に聞いていたので
受託の門はとても狭いことは想像できた。
でもそういうほうが燃える。
だってこんな小さなNPOが、耳にしたことのある企業と
同じ土俵に上がるんだから。
素人が大関と相撲が取れるってことと同じ。
勝ち負けではなくてそこに価値がある。
10年後のNPOは
堂々と営利企業と渡り合える集団になっている必要があるって
思っていた。
いつまでも
我慢と忍耐と情熱だけが取り柄です！
なんて状態が続くはずがない。
そもそも
人に近い仕事をしている人間は労働条件が一番豊かであってほしい。
そう強く願いながらこの仕事を続けている一人として
この土俵はまたとない試験的ステージだった。

二次面接当日。
県職のイケダさんと二人で
俺は東京虎ノ門のビルにいた。
IDカードなんか首から下げられたのはそれが初めてだった。

待合室には
同じ事業にエントリーし書類選考を通過した企業や団体の代表

者が
ビシッと決めた格好で待っていた。
俺もそれなりにビシッと決めたつもりだが
やっぱりなんか違っていた。
習慣化できていないものはすぐバレる。
しかし何故か緊張はしていなかった。
高校教師として初担任を持った入学式以来
俺には緊張するってことがなかった。

緊張とは
その場から逃避するための交感神経群の準備反射。
全力で逃げ出すために
心臓や肺がフル稼働するために起こる状態を指す。

緊張しないのは
1ミリも逃げ出す気持ちがないからかもしれない。
怖いものがないってわけじゃない。
自分で選んで
自分で決めた道には堂々と突っ込む以外ないってことだ。

「お待たせしました。侍学園さんどうぞ。」

係の人に誘導され
面接会場に足を踏み入れた。

俺たちが座るであろう席を囲むように
10名ほどの「専門家」の方々が鎮座。
同行して下さったイケダさんの半端ない緊張感が
俺にまで伝わってきて
逆にリラックスしている俺がいた。

「それではご提出いただいた企画書を基に
 こちらからいくつか質問させていただきますね。」
座長を務めていた「宮本みち子」先生が口火を切った。

その後。
様々な場所でこの宮本先生とはご一緒する機会が増えるのだが
この時はこの先生がどんな先生なのかも知らなかった。
知らないってのは怖いが
時には味方になるってこともある。
もし宮本先生を知っていたら
あんな状態で面接などできなかっただろうから。

何故この法人を立ち上げたのか。
何故合宿型が必要だと思うのか。
今までの経験を踏まえた今後の展望について。

まあ、ありきたりと言えばありきたりだけど
答えねばならないことであったし
それも自信を持って答える必要があることばかりだった。

委員と俺とのやり取りを聴きながら
何も質問せずに
含み笑いを浮かべながら俺を眺めている委員が一人いた。
気にはなっていたんだけど
そこまで気をまわしている余裕はなかった。

そろそろ面接時間が終わろうとした時。
「最後に一つよろしいですか。」

ドキッとした。
その人が最後に口を開いたからだ。
なにか見透かされているような感じ。
はったりなど絶対に通用しないであろうオーラというかなんというか。

「そうだ。有ちゃんだ…」

高校時代の恩師に
どこどなく似ていることに気付くと
手の中にドバッと汗が出てくるのがわかった。

「おいおい。ここまで順調にいってたのに
　最後にこの人何聞くんだろ…」

ボケてる俺の心臓が珍しく反応しているのがわかった。
それすら
この人には伝わってしまっているのではないかと
さらに追い込まれていく俺。

「正直に言いますね。
　今回提出いただいた企画書の中で
　侍学園さんの企画書が一番熱かった。
　ナガオカさんだっけ？
　理事長の熱意はよく伝わりました。

　ただ。一点。
　合宿型を運営するってことは
　命を預かるということになります。
　これは大変勇気のいることです。
　勇気は経験に裏付けされた自信がないと生まれない。

　ナガオカさんの学園はまだ創業２年強。
　スタッフも皆さんお若いですよね？

　万が一が起こる可能性があるこの事業。
　ここにエントリーする
　あなたの勇気はどこから生まれてるんでしょうか？」

きた…そうきたか。
企画書は完ぺきだったはずだ。そりゃそうだ。

イケダさんと必死になって作ったんだから間違いない。
しかしだ。
企画書の内容はいわば「理想論」であり
これからこうしていきたい。こうすればこうなるかもしれない。
でしかない。

やっぱり。見透かされてんだな。この人には。
ピンチに追い込まれると
人の口角は感情とは裏腹に微妙に上がっていく。
それすらもその人には想定内なのかもしれない。

考えるな。感じろ。

困った時のおまじない。
リー先輩が俺に残してくれたおまじない。

次の瞬間。
今後俺が何度も口にすることになる言葉が
自然と出てくることになる。

「人の命をお預かりするのに
 勇気は必要ないと思っています。
 とはいえ
 勇気なしでは命は預かれないとも思っています。
 私たちには経験がありません。
 そして
 経験不足を補う知恵も知識も技術も圧倒的に足りません。

 しかし。
 人様の命を
 若者たちの未来をお預かりする
 覚悟だけはあります。

そして
その覚悟だけは
どの企業・団体にも負けるつもりはありません。

覚悟さえあれば。
覚悟さえあれば勇気は後からついてくるものだと
私はそう思っております。」

その人はさらに笑顔になって
どこから湧いて出てきたのかわからん俺の言葉を
優しく頷きながら聞いていた。

「あーあ。やっちまった。
　こういう企画提案のプレゼンテーションで
　一番やってはならない「感情論的訴え」だこれ。
　こういうの一番嫌われるって教わったのに…」

その思いが伝わったか伝わらなかったは定かではないがその人
が口を開く。

「よくわかりました。
　これからも学園活動頑張ってくださいね。」

これダメなやつだ。
委託することはできないけど
自分たちの活動はどうぞ頑張ってください的なやつだ…

「結果は追ってご連絡いたします。
　この度はエントリー本当にありがとうございました。
　お気をつけてお帰り下さい。」

皆さんに頭を下げて面接室を出た。

「ナガオカさん。すごくよかったですよ。」

イケダさんがなんだかホッとしているように見えた。

「いや。せっかくイケダさんにもこんなに協力して頂いたのに
　最後にやっちまいましたね。本当に申し訳ないです。」
俺がそう言うと

「最後の質問された委員。ナガオカさんご存知ですか？」

「いいえ。あの人さえ質問しなかったらなあ。
　いや、本当に嫌な予感したんっすよ。あの人なんか他の人と違
　うっていうか」

「玄田教授ですよ。東大の…」

この業界で知らない人はいない。
若年者支援に関わる研究の第一人者と言っても過言ではない。
「ニート」って言葉を日本に広めた一人だ。
学術的な側面でしかものを捉えないようなレベルの方じゃない。
ちゃんと現場に入り込んで情報を網羅した上でアカデミックに
落とし込んでいく教授だってことはその後、玄田先生の著書を
拝読してやっと知ることになる。

雰囲気やノリで突破できるほど甘い世界じゃない。
とくにNPO法人はそういう傾向にある。
掲げたミッションと暑苦しいパッションとで
ぐいぐい「ブルドーザリング」しながら突破していく。

しかし
ロジックがなかったり、数字的根拠を求められるとなんとなく
ごまかす性質は
本物にあっけなく見破られるものだ。

玄田先生の

あの見透かした感じの表情が
俺の脳裏にべったり張り付いて中々離れなかった。

帰省してから
スタッフたちにも面接の様子を話す気になれなかった。
元々反対されていたし
「ほら。無理だったんだよ所詮」なんて言われる気がしたからだ。

玄田先生のあの表情にモヤモヤし続けた1ヶ月が過ぎた昼下がり。
県庁のイケダさんから連絡が入った。

「ナガオカさん！！　入りましたよ！　最終選考通過です！！」

「マジっすかあああ！！」

不安をよそに
サムガクは自立塾追加団体5団体の中に選ばれたんだ。
あの時、玄田先生はどんなことを考えてあの質問をし
そしてあの表情をしたんだろうか。
今では色々な場面でお会いするようになったし
呑みに行くようなお付き合いをさせて頂いているが
いまだに聞いたことがない。

とにかく。とにかくだ。
素人丸出しでやって来た
俺たちの小さな学園が初めて国に認められたってことだった。
今となってはそんな大げさな話ではないけど
来月の家賃に頭を悩ませていた俺にとって
委託費よりも
もっと嬉しい結果だった。

「やっと。やっとこいつらに安心をプレゼントできる。」

無休・無給でついてきてくれた
素人集団が
「プロ」として認めてもらえる。
安心しながら
誰かのために生きていくことができる。
お花畑で踊りたいぐらい嬉しくて仕方がなかった。

しかし。浮かれていられたのも束の間…
とんでもない難題が襲ってきた。

合宿型訓練をするには
「寮」の存在が絶対条件だった。
寮生活がしっかりと実施できる場所と
その準備に関わるリフォームが必要だった。

まずは場所だ。
企画段階から狙っていた物件があった。
学園から一番近い公共交通機関駅の目の前に
そのアパートはあった。
10人は生活できる規模感は欲しかったので
駅に近いその物件は最適だって思えた。
元々大学が3つもある地域なので学生用のアパートはあちらこちらにあったが
古くなると入居希望者がいなくなって
空き屋になっているケースも少なくなかった。
その物件も築30年戦士。
当然誰も住んでいる様子はなかった。

すぐに知り合いの不動産屋に調べてもらうことにした。
数時間後にはもう返事がきた。

「大家さんと連絡取れたよ。もう入居者決まっているんだって。
梱包会社の外国人用社宅として契約済んでいるんだってさ。」

当時上田市は
とにかく外国人労働者が多かった。
俺がやっている店の隣の一軒家にも
いったいこの家に何人が住んでいるんだ？　ってほど
出勤時間になるとぞろぞろ人が出てくるのを見た。

その物件も大きな企業が外国人用に確保しちゃってたってわけだ。

「困ったなあ。」

その時点でその物件以外
学園からも近く
交通の便もいい場所で
10人以上が暮らせる物件なんて見当たらなかった。
こうなったら
一軒家をリフォームしちまうかなんてことも考えたぐらいだ。
しかし
俺の考える「寮」のイメージは
相部屋ではなくて
一人一人のプライベートを確保してやれる
個室確保は絶対条件だった。
俺は自分が嫌なことを生徒にはさせたくない。
いくら訓練が必要だと覚悟したとしても
他人と一緒の部屋でずっと生活するなんてどうかと思う。
というより俺は無理。
ちゃんと一人の人間としての尊厳は守ってあげたかったし
俺が無理なことを
「頑張れ！　やれる！」なんて言っても説得力がない。
だから
古いアパートをリフォームするのが一番だと思っていたんだ。

そうこう悩んでいるうちに

何故かその物件の大家さんが俺に会いたいと
不動産屋に連絡してきた。

これは何かのチャンスかもしれないと
連絡を取ってもらってすぐに会いに行った。

大家のキタザワさんは
素敵なご夫婦だった。
奥さんは足が悪く車椅子だったが
なんとも明朗にお話しされる方だった。
旦那さんは横で奥さんの話を笑顔で頷く優しそうな方だった。

キタザワ夫妻は
「何故この学園を作ったのか」
「どんな活動をしているのか」
「寮はどんな子どもたちが入るのか」等々。

興味深げに尋ねて下さった。
そういうのだけは得意だったから
創業理念からこれからどんな学生寮を作っていくのかってのを
精一杯話させていただいた。

「ねえ。お父さん。いいわよね？」

話の途中だったが
急に奥さんは旦那さんに向かってそういうと
旦那さんは笑顔で頷いた。

「ナガオカさん。あのアパート。あなたたちに貸すわ。
　あなたたちみたいな人たちに使って欲しかったの。」

青天の霹靂とはこのことか。

「本当ですか！！　いいんですか僕たちがお借りしても！」
そう言いながらもう借りる気満々で身を乗り出している俺がいた。

「ええ。お話聞いた時からそうしようって相談していたのよ。」
「でも…俺たち１階部分しか家賃お支払いできないと思います。
　どれだけ生徒が集まるかもわからないんで。ダメですよね？」

「別に構わないわ。１階だけならそれでいいし。ねえ、お父さん。」
旦那さんも笑いながら頷いた。

「生き仏様だ…間違いない。」
お二人を見ながら俺は本当にそう思っていた。
さらにお二人は俺に追い打ちをかける。

「そう。これね。使って。」
そういうとビニール袋を俺に手渡してくれた。
ずっしり重いそのビニール袋の中身は
大量の「500円玉硬貨」だった。

「え？　なんですかこれ。」
とにかく何が目の前で起こっているか理解できない俺がいた。

「それね。50万円はあるわ。
　私ね。仕事を引退したら学校つくりたかったのよ。ははは。
　今じゃ笑い話だけどね。
　でもその時の為にずっと500円玉と出会うと貯めてきたの。
　あなたに会うこの時の為にだったのね。多分。」
そう言って笑った。

心が震えるってことを
人間は一生の間に何度経験するのだろう。
見ず知らずの若造を信用し
アパートを格安で貸してくれるわ

これあげるって50万円もの大金をくださることなんて
あるんだろうか…

涙が止まらなかった。
ずっと信用されたかったから。
年齢的差別を受けてきた。
お前のような若造に何ができるんだって
言われているような気がしていた。
そんな学校つくって大丈夫なのか？
そこに通ってくる生徒たちは大丈夫なのか？
そんな怪しい名前の学校に生徒なんか来るのか？

直接、見聞きはしなかったが
常に感じていたことだった。

でも違った。
見てくれている人はいる。
わかってくれる人はいる。
信じ続けていれば
いつか
自分たちも信じてもらえる時がくる。

後光が差しているお二人の手を取り
俺はしばらく頭を上げることができなかった。
そんな俺に
奥さんは

「あ。それとね。2階も自由に使っていいから。
　もちろん家賃は払えるだけでいいわ。
　そのお金を改装費にでもあててね。」

義や仁という言葉を
安易に使う人がいる。

そんなもん簡単に転がっているものではないし
ましてやそんな生き方、簡単にできるもんじゃない。
でも
俺は間違いなく目の当たりにしたし
その生き方を渡されたような気がする。
優しさでチンチンに熱くなったバトンを手渡されるように。

キタザワ夫妻のおかげで
俺たちの寮の目星はついた。
しかし。
ここからが最大の難関だった。

若者自立塾新規団体には
その準備金として1500万円の予算配分がされた。
寮のリフォーム及び改装費などのハード面に使える予算だった。

クレジットカードの審査さえも通らなかった俺にとって
この1500万円はとてつもない予算だった。
宝くじが当たったような気分に一瞬だけなったが
本当に一瞬の出来事だった。
すぐに不安が押し寄せた。
この委託費は一年の活動が終了した後にしか降りてこない
「精算払い」ってやつ。
とかく委託事業ってのはこの手のものがほとんど。
つまり
一回精算しなければならない。
ってことは1500万円を借金できないとだめだってことになる。
当時NPOが地方銀行から
借りることができるのが上限500万円だった。

一年経ったらもらえるお金が目の前にぶら下がっている。
しかし
その前に借金することができない…

親に頼ることもできないし
自分の身の回りに
そんな多額のお金をホイホイ貸してくれる人など
思いつかなかった。

そうなりゃ
もう銀行しかないんだけど。

本当に俺の目の前に立ちはだかる困難には
必ずと言っていいほど
「ヒーロー」が登場する。
ネタじゃないんだよね。これ。
全部事実なんだけど。なかなか信じでもらえない。

ちょうどその頃。
閑古鳥が喉が枯れるぐらい鳴きまくっていた俺の店に
某地方銀行支店長がよく呑みにいらっしゃっていた。
とても話のわかる人で
うちの学校の活動に関してもとても理解してくれていた。

もうダメもと。
聞くだけ聞いてみよう。

ちょっと酔いがまわり始めた支店長に
ウイスキーを一気に流し込んだ勢いで聞いてみた。

「あの。単刀直入にお尋ねします。
 1500万円貸してもらえますか？」

「え？ 1500万円？ 何に使うんですか？」

「一年後に必ず精算できるんです。でもそれまでは借金しなくちゃならなくて」

「国の委託事業かなんかですか？」

「ああ。そういう感じです…」

「委託証明書があればなんとかしますよ！　大丈夫！　ね。大丈夫。」

それからは
まったく関係ない話をしていたと思う。
なんの話なのかも覚えていないが
借金できるかもしれない可能性にウキウキしている俺がいた。

鉄は熱いうちに打て。

翌朝。
早速俺は委託証明書のコピーをもって
銀行に訪れた。

「あの。支店長とお約束しています。サムガクのナガオカです。」
そう言うと
奥の部屋に通された。

そしてそこに現れたのは支店長ではなく
代理の方だった。

「大変申し訳ないんですが。支店長昨日を持ちまして転勤になりました。」

「ええ？！　マジっすか！」

「で。ナガオカ様のことは聞いております。
　融資の件ですよね…」
なんとなく困っていることがわかった。

「いやいや、こんな融資無理でしょ…」的なやつだ。

まずい。支店長がいなければ融資なんて受けられない。
困った。これは困ったぞ。
ワクワクがソワソワに変わっていくのがわかった。

「無理です？　…かねえ？」
恐る恐る尋ねると

「いや…前支店長から必ずって言われてますので。はい。」

「ありがとうございます！」
もう先方の都合なんてどうでもよかった。
とにかく必ず返すから貸してくださいって感じだった。

当然、しかるべき審査も受けたのだが
支店長のお陰で
俺は多額の借金に成功した。

借金を成功と呼べるのは俺ぐらいかもしれない。

俺にとって借金とは「タイムマシーン」だからだ。
10年貯金して始める「こと」と
10年前に始める「こと」は一緒。

「こと」が一緒ならば
当然「今やる」に越したことはない。
だって明日なんて誰にも保障されていないんだし
ましてや10年後なんてさ。

その10年をビューンて飛び越してくれるのが
タイムマシーン。

タイムマシーンはないけど「借金」することで
タイムマシーンに乗れる。

俺は常にそう考えている。
10年先に飛ばしてもらったんだから
あとは責任もって
10年分のお金を返していけばいい。

しかし
「タイムマシーン＝借金」に乗せてもらうのも
簡単ではない。

信頼と信用。
そして「人」という「財産」を
ちゃんと大事にしてこなければ
その機会を与えてもらうことなんてないんだ。

タイムマシーンに乗った俺たちは
これから「人の明日と命を預かる」城を手に入れた。

この城で
9回裏2アウト満塁からの逆転劇を
何度も目の当たりにすることになる。

新しい生活文化の獲得は
間違いなく人生を豊かにする。
今まで見えていたものが違って見えるし
今まで見えなかったものが急に見え始めてくる。

生きるって「暮らす」ってこと。
それも
まったく別の生活文化を持った他人との共同生活は
間違いなく人を大きく成長させる。

他人との共同生活は、「結婚」もそうかもしれない。
結婚という文化が
人間を大きく成長させることは誰もが承知している事実である。

しかし
ここでの生活訓練は
結婚以外の大きな成長のチャンスであるし
こんな経験ができる人生を送れる人間なんて
本当に一握りなんだと思う。

ここから巣立つ生徒たちが
世の中に出た時。
間違いなく大きな化学反応を起こす「コア」となるだろう。

どんな人間にもある苦しみに気付き
どんな人間でも求めている優しさを与えられる。
そんな人財を育てるこの「サムガク学生寮」の誕生は
俺たちの「覚悟」がもたらした「希望」だ。

HOPE7
後継者という困難

俺がこの業界に自分の所属を確認した時
既にパイオニアである大先輩方が存在していた。
しかし
俺自身がこの業界の事を見聞きしていたかというと
実際そうではない。
この業界に足を踏み入れ
一定の「承認」を受けなければ知り得ないネットワークが存在する。

30年間。
自らの家を解放し
家族同然に受け入れ
たくさんの子ども、若者たちを救ってきた方々がいた。
そして
そのパイオニアの2世が
その礎を継いでいる時代に突入していたのだ。

俺たちの法人はまだ立ち上がったばかりだった。
経験年数も
関わった子ども、若者の数も圧倒的に少ない。
何もないところから作った自負が
同時にとてつもない「孤独」と「不安」を顕在化させていた。

そんな時に
このパイオニア方の存在は大きかった。

「この方向でいいんだっけ？　俺たちの進む道は…」
と自問自答していた旅人に
「ああ。なんとなくこっちでいいはずだ。」
そう教えてくれる道先案内人が
現れたようなもんだった。

NPOとはいえど

それだけのキャリアになると事業規模も半端ない。
年間決算が2億円を超えるNPOだって珍しくなく存在する。

それは数字だけの問題ではなくて
その法人のミッションを
長きに渡って守り、そして多くの人財が継承してきた結果だ。

創業から7年。
まだ安定した雇用さえもままならなかった俺には
新しい人財の確保なんて
想像すらできなかった。
でも
この創業メンバーが
一生俺と仕事をしていることも
想像できなかったことも確か。

そして
俺が描いていた青写真を実現するには
間違いなくこのままではいかんこともよくよくわかっていた。

それでも。
休みもなく
給与もろくにもらえない
命の琴線が目の前に常に存在するこんな仕事を

「この仕事がしたいっす！！」

なんて奴が現れるんだろうか。
疑問と不安とが入り混じる
喉の奥が痒くなるような混沌を抱えていた。
そもそも創業メンバーも
高校教員時代の教え子たちで
最初は店のお手伝いから
徐々に出版の手伝いに移行し

さらには「じゃあ、学校も手伝いますよ」ってな感じだったから。

主宰者として
経済的な安定は当然目指さねばならないことではあったが
変な話、金はなんとかなるかなって思っていた。
自分の体を泣かせば
3人分ぐらいはなんとかなるだろ的な安易な自信。
まあ、なんとかならないんだけど。
それよりも
この仕事を紡ぎ繋いでいってくれる「人財」の存在の有無のほうが
間違いなく未知であり不安要素だった。

「あの。はぐれ雲のカワマタさんから紹介されてきました。お話
　しできますかね?」

学園祭の最中。
たくさんの来校者への対応をしていると
いかにもって奴らが俺の目の前に現れた。

多分なんの根拠もないんだけど
気持ちだけは負けませんて感じ。
やたらと勢いがあって
目がキラキラ「しすぎて」いる。

俺はこの手の人々を
「シュッシュポッポ系」と呼んでいる。

俺たちはいろんなところを見てきました。
情報だけはたくさん持ってますよ。
ところで「サムガク?」はどんな感じですかね?
説明を聞いてみようじゃないですか。ええ。ってな感じ。

まあ、そういう奴らは嫌いじゃなかったりする。
特に年下の場合。
兎にも角にも
このような活動に興味関心を持っているだけでありがたいし
さらには「奇特」だ。

「別に構わんよ。なんの話をするんだ？」
「あの。ボクたち。自分たちで学校つくりたいんです！」

ｷﾀ──(ﾟ∀ﾟ)──!!────────────────。

それまでも
何人かの若者からこの言葉を聞いた。
でも
それを実現した奴などいなかったし
さらには
それを後押しできるような実績や経験も
あの頃の俺にはなかったんだけど。

なんとなく。
こいつらはちょっと違うなって思った。
この業界に興味関心を持つには二つのパターンがある。

一つは原体験による当事者意識からの羨望型。
そして
もう一つは
単純明快な人の喜び大好き妄想型だ。

一概には言えないが
前者は支援者になる可能性は低い。
なんとなくできるかもしれないが
一流になるのは難しいと思っている。
国内の登山ガイドならなんとかやれると思う。

しかし後者は違う。
怪我や事故は絶え間ないかもしれないが
間違いなくチョモランマにアタックし
登頂を果たすだろう。
つまり一流の支援者に化ける可能性が高い。

そう。その二人の青年は
お世辞にも賢そうじゃなかった。
「お前ら馬鹿だねえ。」「はいーーー！」って感じ。
だから俺は次の瞬間にこの言葉を自然と口にしていた。

「おお。作れよ。自分たちの学校。200％応援するからよ。」

忙しかったんで
そのやり取りだけでその場は済ませた。

その後も
何故かその二人は学園に居続け
学園祭中
なんとなく二人の暑苦しい視線を感じることとなる。
夕方になると
当時の校長ケンジが俺のところにやってきて

「あの二人なんですけど。せんせと話がしたいって聞かないんですよ。
　今日の打ち上げ出してもいいですかね？」
と言った。

でたよ。このパターンだよ。
暑苦しいし、しつこいし、空気読まない。
益々気に入っていく自分に嫌気もさしていた。

「今日はめんどくさいからさ。明日。明日片づけ手伝わせてさ。

そん時に時間作るって言ってよ。」
そうケンジに返した。

まあ、このタイプの奴らなら
間違いなく翌日まで残る。
このチャンスを決して逃すような奴らじゃないことは
よくわかっていた。
同時にここで帰ってしまうようなら
奴らの「やりたい」もその程度なんだろうし
残念だけど「やりたかった」で終わる。そう思っていた。

簡単に言うけど
簡単じゃないから。
さらに作ることはできても続けることは100％大変だからだ。
やっぱり残った。
俺のこういう直感だけは本当によく当たる。

「明日。9時に学校に来れば時間作るよ。」
そう伝えてあったので
学園祭の後片付けが始まる少し前に出勤した。
しかしいない。

お願いしといて
遅れて来るとはいい度胸だし
まさか帰っちゃってねえだろうなと心配になった。
なんせ連絡先も聞いていなかったから。

5分ほどすると
あいつらが登場した。
遅れてきたことに悪びれる様子もなく
逆にどことなく興奮しているのがわかった。

「もうー。ドッキリですか？
　ドッキリ。本当にビビりましたから。」

とにかく言っていることがよくわからない。

「何がだよ。」
「いや。車揺らしてましたよね？」
「いや。俺は今来たところだ。」
「いやいやいや。本当に冗談はやめてくださいよ。
　怖くなってここからしばらく離れてたんですから。」
「………」

まあ、こういう言い訳の仕方もあるんだろうなと
やれやれスタイルで一応聞いてみるとこんなことを話し始めた。

「泊まるところもなかったんで
　車の中で寝ることにしたんですよ。
　そしたら隣のハイエースが急に揺れ始めて…
　セル回ってるんですよ。
　だから実はいらっしゃってるんだと思って
　車降りて車の中を覗いたんです。
　そしたら誰もいないんですよ。
　誰も乗っていないのに勝手にセルは回ってるんです。
　ヤバくないですか？　マジで。本当に怖くなって離れたんですよ。」

まあ、掴みはオッケーだけど
遅刻の言い訳にしてはちょっとやりすぎ。
さらに二人いるんだからどっちかが「やめておこうぜ」的な制止
ができなかったもんかねと首を傾げた。

「まあいいや。とりあえずさ、片づけ手伝ってくれんかね？」
「勿論です！」

切り替え早過ぎ。
でもこういうタイプが好きなのがバレないようにするのに必死

だった。

午前中に片づけを終え
生徒たちを返してから二人を理事長室に呼んだ。

二人はやっと話を聞いてもらえるという安堵感でいっぱいな顔だった。

「で？　本当に学校つくるのか？」

そう聞くと

「はい！　できるかどうかわからないんですけど作ってみたいんですよ。
　だから色々な団体を見学させてもらってます。」
と髭のほうが答えた。

髭のほうは「モトジマ」という名前だった。
熊本出身。学生時代のあだ名は「壊れたナイフ」。
学生時代にインドとかに行っちゃうようなタイプの男だった。

「実は見学させていただいたどこの団体でも
　サムガクは行ってきたのかって聞かれて。
　どこに行っても聞かれるので一番最後に来ようと思ってました。
　富山のはぐれ雲に行ったときに代表のカワマタさんが
　あそこだけは見ておけって。
　失礼な話ですが
　段々疑いばかりが大きくなってきまして…
　だって誰もが見に行けっていうのはおかしいじゃないですか。」

知的そうなメガネが早口でそう言った。
本当に失礼な奴らだ。まったく。

メガネは「フジイ」という名前だった。
愛知県出身。趣味は音楽。
風が吹いたらポキッと折れて
飛んで行ってしまいそうな細身の男だった。

「でも。その理由わかったんです。
 全然違う。想像してたんと違うし、そもそも他の団体と違いすぎる。
 ボクたち、こういうの目指したいんです！！」

落とした後に上げる。
もともと狙っていたんじゃないかと思うぐらい
持ち上げられて少し喜んでいる俺がいた。

「いやいや。うちなんてさ、まだまだよちよち歩きだしさ。
 歴史がある他団体の方々のほうがスゲエんだよ。」

と言いながらも心の中では

「だろ？　なあ、そう思うだろ？」
とほくそ笑んでいた。

髭とメガネが何故自分たちの学校を作りたくなったのか。
大学時代の学生寮の同部屋だった二人は
福祉系の大学だったこともあって
社会的弱者に対する現行の支援スキームに
それなりの疑問を持っていたらしい。

まあ、学生にありがちなんだけど
勢いはあるけど根拠はまったくないってやつだ。
例に漏れず
学生時代の俺もまさに「モロダシ」の学生だった。

言っていることは滅茶苦茶なんだけど
なんとなくこいつらは信用できるなって思えてきた。

当事者ではないんだけど
それなりの「苦悩」を自分の中に抱えている気がしたからだ。

心に大きな傷がある人間は
その痛みに耐えてきた経験がある。

そして
心に大きな傷があるやつは
圧倒的に人に優しくできる。

今まで出会ってきた多くの人々から
知らないうちに教えてもらったことだ。

青二才の俺が
はじめて「後輩」を育ててみようと思った瞬間かもしれない。
教え施すのではなく
一緒に成長する仲間として
そばで徹底的に鍛えてみようと。そう思った。

その瞬間。
例のごとく、俺は髭とメガネに無茶振りを切り出した。

「わかった。まずはさ、うちで働いてみろよ。
　自分たちで始める前に
　本気でこの仕事が自分たちの人生を賭せるかどうか
　試してみたらどうだ。
　そこからでも遅くはないだろ。
　中途半端な気持ちでこっちの畑に入ってほしくないんだわ。
　お前たちが勝手に始めてもさ
　全体がそうだって思われる要素が確実に生まれるんだからな。」

「ええーーーー！　いいんですか！　やりますやります！！」
髭とメガネは身を乗り出して興奮しながらそういった。

「だからさ。明日会社に辞表出して来いよ。な。」

「え………？」

しばらく沈黙が続いたことは言うまでもない。
髭とメガネは就職していた。
ちゃんと「社会人」していたんだ。

多分二人の受け取り方は
自分たちの休みを利用して研修させてもらえるんだろう程度。

それも可能だけど
どこかの支援団体に就職するならばその程度で十分かもしれないが
「自分たちの学校をつくる」のであれば
そんな甘い考えと
守られた環境でなんかそもそもできるはずがない。

俺は200％応援する覚悟を決めた。
だったら
200％本気の背水の陣を見せてもらわねばならないと思った。

まだマシだろって。
ある程度の見本があって
その中に入って手取り足取り教えてもらえて
すべてを盗み取ることができるんだから。

俺には全部なかった。
見本もなかったし
教えてくれる人もいなかった。

盗もうにもどこに「それ」があるのかもわからなかったんだから。

でも
後進には同じ轍を踏ませたくない。
同じ苦労をさせたくない。
時間の無駄だ。
その苦労や経験は
先人である人間がしたのであれば
その先に道を作れる環境を用意し手伝ってあげるべきだ。

「まずはこの苦労がわかってから聞きに来い！」
なんて言う先人にはなりたくない。

人間も社会も
間違いなく進化し続けているはずだ。
そしてその進化の速度が
人々の幸せを作る可能性を左右しているはず。

だったら
基礎工事からやらせるのは馬鹿げている。

「俺はここまで作った。全部教えてやるし使っていい。
　だからお前たちはここから始めろ。
　とにかく先に進め。
　そうすれば俺が苦労した時間
　新しいことを生み出す時間にまわすことができる。」

1週間後。

サムガク寮の一室に
それぞれの仕事を辞めてきた
髭とメガネの姿はあった。

「給与は出ないよ。部屋だけは提供してやる。あと飯な。」

そんな「ブラック◯◯」を超えた提案に対しても
二人は動じることはなかった。

ボランティアスタッフでもない。
さらにはインターンシップでもない。

サムガクと同じ方向を向き
サムガクと同じパッションを持ち
いつか
自分たちの「学校」を作るために
人生をギャンブルし始めた奴らのスタートラインだった。

六畳一間に髭とメガネ。
生徒たちは一人に一部屋なのに
髭とメガネは二人で一部屋だった。

3ヶ月間。
本当に必死で仕事する二人がいた。
灰汁の強い創業メンバーの中での仕事にも関わらず
「昔からこいつらいたんじゃね?」と思わせるような
存在感を発揮していった。
髭とメガネの強烈な個性は
次第に「次のサムガク」を感じさせる風を吹かせていた。
同時に
誰もが陥る「ジレンマ」のようなものに
二人が襲われ始めたのもその頃だったように思う。

あれだけ仲のよかった二人に
会話がなくなった。
事務的なやり取りはあれど
二人で向き合って笑い合うなんてことは皆無になっていた。

そりゃ当然だ。
1週間程度ならどんな環境でも耐えることはできるだろう。
3ヶ月。
12週間って期間は
人間を冷静にしさらに様々な疑念を彷彿させる。

シュッシュポッポ系は特に
この大きなクレバスに飲み込まれやすい。

どこに行っても
声のボリュームが大きい人間はいる。
誰に対しても友好的で
とにかくポジティブで
ナショナリズムやアカデミックな話を好む。
声の大きさとジェスチャーの大袈裟さと
独特の笑い声で
初めて会った人間でさえ
なんとなくその人間の存在を認めてしまったりする。
理想が高いから
とんでもない「それ」を目指しているなんて堂々と口にする。

しかし。
そういうシュッシュポッポ系に限って
その人間の現状と
口にする世界とのギャップが激しすぎたりする。

ずっと同じことを言い続け
ずっと同じことをしている。
口にした理想はずっと「理想」のまま大切に保管し続けている。

結局は覚悟が脆弱なんだと思う。
有言無行。
何もできない人間に限ってピーチクパーチク叫ぶんだけど
結局、蓋を開けるとなんもできてない。

できないことの自己擁護だけは
弁護士ばりに長けていたりする。

無言実行。
本当に覚悟のある奴は多くを語らない。
誰かに認めてほしいから吠える。
そもそもそんなレベルでものを考えていない人間は
そんなことをする必要がない。
粛々と
誰かのために自分の命を使う。
自分がすべきことをするわけだ。

シュッシュポッポ系は
現実に向き合う力がないから
3ヶ月もすると
ああでもないこうでもないと御託を並べ始め
あっけなく辞めてしまう。
辞めたにはそれなりの理由があることを
できるだけ多くの人々に吹聴しまくることで
自分を必死で守りぬく。
そのタイプの人間に
命の琴線に触れるこの仕事などできるはずがない。
というより
してほしくないし近づいてほしくもない。

髭とメガネが本物ならば
必ずこのクレバスをクリアするはずだ。
例えクレバスに落ちたとしても
これからあいつら二人が触れる可能性のある命にとっても
そしてあいつら二人の人生の為にも
それでよかったと思えるはずだと思っていた。

ある日。

勤務時間が終わり
一人でトボトボ帰り始めたメガネを追いかけ
車の助手席に乗せた。
メガネはその時の気分が全身から滲み出る、ダダ漏れタイプ（笑）
メガネの背中を見た時。
ここで声をかけねばクレバスに落ちると思った。

フジイだって
支援者の卵である前に一人の人間だ。

俺は
支援者を目指す人間にはすこぶる厳しいかもしれないが
人間にはめっぽう甘い。
支援者という「スタートライン」にも立っていない人間に
42キロを2時間で走れなんて言えるはずがない。
とにかくメガネの爆発寸前の想いを
吐き出させることにしてみた。
「どした。なんかあったんか？」
「はあ。まあ。はい…」

もともと覇気がある奴ではなかったが
覇気どころか
呼吸しているかどうかさえ疑わしい弱々しいメガネとの
無言の時間がそれからしばらく続いた。

これだけ人と関わっているとよくわかるんだけど
不平不満が口から出ているうちは
なんとかなっている状態なんだと思う。
いかに劣悪な人間関係の中で生きていようと
「誰か」にそれを吐き出せるってことは
「孤立化」していない証拠。
誰かと繋がれている安心感があるから成せる言動だ。
信号でいうとまだ青。

しかし
それを吐き出す環境を失い
すべての事柄が自分を責め立ててくるような毎日が続くと
内包する不平不満を語源化できなくなってくる。

結果。
苦しいのに
その胸の内を吐き出せなくなる。
さらには
何が苦しみの源なのかもわからなくなってきてしまうのである。

こうなると
人間不信に陥り自分不振から自分不信へと
雪崩式に転がり落ちていくのが人間の心だ。

この状態の人間に
いくらヒアリングをしても
口を開くことは難しいことは火を見るより明らかで
その際に必要なのは
その人間が共感できる
「痛み」や「闇」をこちら側が差し出すことができるかである。

支援者の技術の一つとも言えるが
人が「頼りになる」「相談したくなる」「なんとかしてくれるかも」
と思える対象者は
間違いなくここんとこをおさえられている人間なんだと思う。

そこまで
戦略的に考えていたわけではなかったが
目的地も決めず走らせている車の中で
俺はメガネにああでもないこうでもないと
くだらない過去の恥部物語を語りはじめていた。

最初はまったくリアクションがなかったメガネが
ある言葉で急にスイッチが入った。

「そう! そうなんですよ!
 ボクがあそこまでやってやってんのに
 アイツまったく気付かないんですよ!」

堰が切れる。

それからこちらが相槌を打つ暇さえないぐらい
メガネは喋り倒した。
メガネは元々激高すると言葉がすこぶる汚くなるので
内容に関しては割愛するが
とにかく不満が心の奥底まで沈殿してしまっていたことは
よくわかった。

「なるほどな。
 お前の考えはよくわかったよ。
 そんな状態でも逃げずによく頑張ったな。」

 そう言うと
 メガネの眼鏡の奥にたくさんの涙が溢れた。

「すみません。まだ弱音なんて吐ける立場じゃないのに。
 情けないです。」

「フジイ。
 情けないって思えるってことはさ
 まだ自分にできることができていないってことだよな。
 お前が全力を出してもうまくいかなかったじゃなくてさ
 まだまだやれるのにってことだろ?
 まあ、これだけ愚痴ったわりには
 お前は誰かのせいにしてねえよ。
 結局

お前は誰かのために自分の時間を使ってる。
 自分の命を使ってる。
 でも
 もっといい使い方がある。
 自分が情けないなんて思えなくなるくらい
 素敵な命の使い方があるよ。
 それ教えてくれるとこ。ここはそういうとこだよ」

「悲しい」や「苦しい」や「辛い」は一人称。
「悔しい」や「情けない」は二人称。
誰かに関わっていなければできない言葉だと思っている。
自分が誰かに関わることで活かされている実感がなければ
悔しいとは思えないだろうし
情けないなんて言葉は生まれない。

フジイは本物になる。
俺は直感的にそう思えた。
我が強く、お調子者ではあるけれど
誰かのためにだったら
強烈な力で自分に蓋をしちまうことができる奴だって確信した。
こういう奴は強い。
この強さは優しさだ。
憂う人に人が寄り添うと書いて「優しい」と読む。
「人が憂う」と書いて「優しい」と読む。

こいつは両方持ってる。
希少な人財だと思った。
それ以上、俺はフジイになんも言わなかったと思う。
それが有効的に働く奴でもないことはよくわかっていた。
こいつは自分の中で
「選択」と「決断」ができる。
それも周りの人間にとって
何が一番いいことなのかを主軸にして

物事を考えることができる。
他人の意見に左右されない強さがある。
同時に
他人の言葉などなんの影響も与えないってことでもあるからだ。

大切なのは
「聴いてあげる事」なんだと思う。

自分を誇張するために
自分を擁護するために
声高に不平不満を口にしているわけじゃない。

自分自身で
自分は間違っていないか
自分は自分に恥ずかしくないのかを
「誰か」を介して確認しているだけなんだと思う。

だから
ちゃんと聴いてあげさえすれば
こういうタイプの人間は
瞬時にスイッチを切り替えられる。

まあ見事に翌日から
一皮むけたフジイの姿がそこにあった。

それから二人は
自分が担当する生徒たちに
不器用だけど
なんとも人間らしい関わりを持つようになった。

最初からうまくやられたら
こっちの立場がない。
そんなに簡単な仕事でもない。

でも
こうしなければならない
こうでなければうまくいかない
なんていう
誰が作ったかわからないマニュアルを
ポイって捨てちまって
偽りない
まっさらな気持ちで
目の前の命に向き合えば

人と人は
間違いなくわかり合える。

仲良くなるのとはちょっと違う。
異質のものであっても
それはそれで
受け入れ合う「協定」が結ばれるのだ。

髭のクラスは
「モトジマ組」と生徒たちが呼び始め
なんとなく
体育会系？　ヤンキーヒエラルキー系？
そんな感じで一体感を出していった。
まあ髭にしかできない
特別な雰囲気作りだったように思う。

一方フジイのクラスは
フワフワ・ガタガタしていたが
地上から空に浮かぶ気球をしっかりと繋ぎとめる
究極的に細いけど
滅茶苦茶強度の高い一本の糸が見えた。

フジイに余裕なんてなかった。

弱い自分と徹底的に向き合い
ボロボロになっている心で
さらにボロボロになっている生徒の心と
ぶつかり合っていたからだ。

出勤前になると
決まって吐き気が襲ってきて
元々食が細いフジイの胃の中のものをすべて吐き出させた。

猛烈なプレッシャーと
毎日襲ってくる不確定要素満載の
生徒たちとの間で起こる出来事を想像するだけで
フジイの心は「NO！」を叫んだ。

しかし。
フジイは一度も学園を休むことはなかった。
誰もが一目でわかるくらい
真っ青な顔で出勤しても
「おはようございまーす！」と笑った。

そして
生徒たちが登校すると
真っ先に生徒たちに声をかけ
勝手に自分でしゃべり倒し
勝手に独自の笑い声で笑った。

必死さは心を揺さぶる。

その裏にたくさんの涙が流れていてもだ。

髭とフジイは
元々自分たちの学校を作るために
俺の目の前に現れ
そしてサムガクで学ぶことを決意した。

ということは
いつかこいつらはいなくなる。
ある程度経験を積んだら
間違いなく
職員としてここを卒業していくのだろうと
思っていた。

二人が突撃してきて
2年という歳月が過ぎた頃の
忘年会の時だった。
宴会場から引き揚げた温泉旅館の部屋には
俺とフジイしかいなかった。

「なあ。お前たちいつ独立するつもりだ?」
俺はなんとなくフジイにそんな言葉を投げていた。

「あの。その件なんですけど…」
フジイの顔が曇るのがわかり
ああそろそろ出ていくんだなと俺は思った。

「確かに。彼らと一緒に学校つくるのがボクの夢でした。
 夢? なんか違うかな。
 とにかくそれを目標にしていたというか。
 でもここでお世話になってよくわかってきたんです。
 自分のやりたいことと
 自分のやらねばならないこと
 は大きく違うんだって。
 ただ楽しく仕事できればいいや程度だったんだと思います。
 仲のいい仲間たちとワイワイ。ですかね。
 激甘だってわかりました。
 同時に自分のやらねばならないことも…」

フジイがいつもの様子と違うことがひしひしと伝わってきた。

「じゃあ学校作らねえのか？」

「いいえ。作らないんじゃなくて
 なんて言えばいいんですかね。
 もうあるんです。
 もうあったんですよ。
 ボクの学校。」

誰かのために学校をつくるんじゃなくて
フジイは
自分の学校を探していたのかもしれない。
フジイが本当の自分を見つけるために
見つけた自分に「YES！」と言ってあげるために
この社会には存在しないであろうと思っていた
「そこ」を必死に探していただけかもしれないなと
俺は思った。

「それがここだったってことか。」

「なんか情けないですけど。せんせみたいにやれる自信はないんです。
 ボクらで束になってかかっても
 絶対に叶わないっていうか。届かないっていうか。
 でも
 せんせの作った学校でなら
 ボクは何かできるような気がするんです。
 こんなボクが必要とされるかわかりませんけど。」

「じゃあ。お前はここで骨埋めるつもりでやるってことか？」

「もしせんせがよろしければ。そういうつもりで働きます。」

「わかった。じゃあ頼んだ。
俺には
いや、この学園にはお前が必要だよ。
お前の言い癖を使えばさ
クソキツイ仕事だし
クソアホみたいな人生になるかもしれないけど
フジイ。共に生きよう。」

そう言って
握手をした後
フジイを抱きしめた。
細い体ではあるが
本当に力強い芯を感じた。
フジイは泣いていた。
もしかしたら
フジイは久しぶりに自分に出会えたのかもしれない。
俺はそう思った。

夢なんて
目標なんて
コロコロ変わったってなんの問題もない。
実現できるかどうかだってわからない。
わからなければ
夢や目標を抱いてはならないなんてことはない。

たった一度の人生だ。
その時その時の自分の欲動に素直に耳を傾け
決して自分の心に嘘をつかなければ
後悔するような人生を歩むことなんてないはずだ。

自分の夢や目標に縛られて
窒息しちまうような人生なんてバカバカしい。

目的は
自分が幸せに生きることだ。
これは誰もが共通にしているはず。
自分が幸せを感じる為には
「幸せの窓」をどれだけ持っているかにかかっている。

自分の幸せだけに価値を持っていると
一つしか「幸せの窓」は存在しない。
さらに鏡じゃないから
はっきり見ることもできなかったりする。
そして誰かに自分の「幸せの窓」を見ていてほしいと願う。
誰も見てくれないと
ありとあらゆる手段をつかって
自分の窓をアピールし続ける。
残念ながら
余程の事がない限りそんな窓を見たがる他人などいない。
だったら。
他人様の「幸せの窓」に価値を持てばいい。
自分ではなく
誰かの幸せの瞬間を見ることのできる窓を
無数に持つことは
自分の考え方次第で簡単にできる。

この「幸せの窓」の数が
自分の「幸せ指数」になることを
この学園は出会う命に伝え続けていくだろう。

そんな学園の航海に
付き合える奇特な人間など
そう簡単に表れるはずがない。

その人間に
この学園と出会う「必然性」が内包されていなければ。

フジイは俺たちの仲間になった。
はじめて
「後継者」という言葉を意識した貴重な人財だ。
いつか
人財不足が深刻化している
この業界の牽引者になっていくであろう
泣き虫の涙は「希望」の源となるだろう。

ちなみに
この二人が学園祭翌日に遅刻してきた理由として述べた
「自動セル回り」現象は
その後に俺たちの目の前で真実であることを証明することとなる。

「せんせー！ ハイエースが勝手に動いてます！」
昼休みに
外にいた生徒たちが慌てて言いに来た。

「またあ。んなわけねえじゃん。」

外に出てみると
本当にハイエースが揺れている。
確実にセルが回っているのがわかった。
しかし…

誰も乗っていないし
キーさえも刺さっていなかった。

ディーラーに問い合わせると
スターターを制御するコンピューターの
誤作動らしい。
まあ数万台に一台らしいけど。

あの時の二人の言い訳は本当だった。
本当にいい奴らなんだと思う。

そして髭はというと。
2年サムガクに勤務した後。
家族で新潟に移り住み
「ひとのま」という居場所事業所を立ち上げた。
家族ぐるみで
地域密着型のゆるーい活動を展開している。
なんとも髭らしい生き方をしている。

これから
第二の「髭とメガネ」の登場を
楽しみに待っている俺がいる。
後継者という「希望」の登場を。

HOPES
焼失という名の困難

10月5日。
毎年恒例の学園祭も終わり
後片付けもひと段落した後期を迎える前夜。

俺は一人
店のカウンターに座りワクワクしていた。

創業から7年。
いくつもの困難を乗り越え生徒数も増え、学園の認知も広がり
委託事業も安定的に受託するようになったことで
経営も「ある程度」は安定してきたことを
肌で感じていた。

同時に
うちのスタッフたちも成長一著しく
俺がいなくとも
学校運営に支障は出なくなったどころか
ナガオカという変人がいないほうがことがうまくまわるじゃな
いかと思えるぐらい
「任せる」ことに不安がなくなったことを
学園祭を通して実感していた。

それが最短の目標でもあった。

一人で学校などできるはずはない。
シンボリックな存在であったにせよ
いつかいなくなる存在。

ナガオカ＝侍学園
を
1日も早く払拭することが
次のテーマになっていたことは確かだ。

学園を離れる機会。

それが頭の中に浮かぶとき。
たぶん
このサムガクという生き物が次のステップに進む啓示であると
薄々考えていたことだった。

それが現実味を帯びた夜。

差し迫った「仕事がない」ことに気付いたことから
ワクワクは
どこからともなくやってきた。

なんとなくだ。
なんとなく海外へ出てみようと思った。

日本の中で
日本のことを考えるのは当たり前。
日本の中で
海外のことを考えるのも悪くない。

でも
俺の欲求は
両方違った。

俺がやりたかったことは
海外から日本のことを考える視点。

海外において自らが日本人であることを実感し
海外の文化から日本の文化を
エビデンスし
いいものはさらにいいものに
遅れているものは取り戻すための方法を考え
ダメなものは修復する種を見つける。

そうして
世界の中でも光り輝く
この日本という母国を
もっといい国にして
チビたちに手渡す。

「どうだい。俺たちはここまでやった。お前たちはどうする？」

そんなバトンタッチをしたいと思っていた。

そして
海外への渡航は
俺自身に「日本人」であることを
再認識させ
さらには国境や人種を超えた
「地球人」としての意識を残された人生の中で
自分の中に見つけたかったのかもしれない。

飛行機さえなければ
海外には
とてつもない知的興奮を抱いている。
飛行機さえなければの話だが。

俺の心は北欧へすでにテイクオフしていた。
日本よりGDPが低い国でありながら
教育・福祉が充実している国がある。
日本の研究者たちはこぞって
「素晴らしい国だ」
「素晴らしい制度だ」
「日本も見習うべきだ」という。

でも

俺は見てみないと納得できない。
日本以上の国があるのか？　なんていう
意地悪な感情さえあったりする。

だから行ってみたかった。
今しかチャンスがないって思った。

スコッチをロックで飲みながら
完全に
向うに行った気分で酔いしれた夜だった。
なんか本当にいい気分だったんだ。
ずっと忙しくて
ずっと落ち着かなくて
いつも何かに追い立てられていたから。

なんか本当にいい夜だったんだ。

それがあの惨事を予兆する「何か」だったのかもしれないが。

10月6日。
いつもと変わらない朝だった。
朝のランニングを終え
学園に出勤した。

午前中に
和歌山県の視察団が来校するとのことで
生徒たちにもその旨を告げ
俺の授業を見学してもらうことになっていた。

いつもと変わらない時間だった。
生徒たちが笑い
スタッフたちがさらにその笑いに輪をかけて笑う。

そんなサムガク的雰囲気を
視察団の皆さんも好意的に受け止めてくれていた。

「いい学園ですね。また来ますね。」
一人の方がそんな言葉をかけてくれたのが忘れられない。

みんなで視察団を送りだし
昼食の時間となった。

この日。一人の生徒が入学した。
何故この日だったのか。何度も面談を繰り返したものの
その一歩を踏み出せなかったリュウイチという生徒が
入学を決断し、初めて登校することとなった。

サムガクでは
新入生歓迎のイベントがある。

みんな「アレ」と呼んでいるが
この上田地域で盛んになっている
「マレットゴルフ」なるスポーツのことだ。

当然リュウイチの歓迎も「アレ」で行うことに。

午後は
生徒もスタッフも総出で
地域の山の中にあるマレットゴルフ場へと出かけることになった。

出発前。
一人の生徒が体調不良を訴え学園に残ることに。
付き添いとして校長のナルサワも学園に残った。

それ以外の生徒・スタッフは

車に乗り込み
会場へ向かった。

信州の秋の空は美しい。

嫌味なぐらい
素晴らしい秋晴れだった。

グループ分けをして
歓迎会はやんごとなく始まった。

コースには生徒たちの笑い声が響き渡り
リュウイチも楽しそうだった。
3ホール目に差しかかったころだろうか。
他のホールでまわっていたエンドウが
大声を上げて走ってきた。
尋常じゃないことはエンドウの表情で察しがついた。

「せんせ！　学校が燃えてるって！」

「は？」
何を言ってんのかわからなかった。
またまた何ふざけてんだよってな感じで
エンドウにかかってきたナルサワの電話を受けた。

なんとも冷静なナルサワ。

「あの。たいしたことないと思うんですけど
　校舎の中、煙すごいんですわ。
　一応消防呼んじゃったんですけど。」

「どういこと？　火がないのに煙が出てんの？
　というか消防呼んだってどういうことだ？
　まあいいよ。とにかく帰るわ。」

まだこの時は
事の重大さを理解できていなかった。
ナルサワもナルサワで
のほほーんとしているもんだから。

マレットゴルフ場のある山を駆け下り
慌てて車を走らせた。
山を下る途中。
塩田平が一望できる場所がある。
予想していた煙は上がっていなかった。

「ったく。あのやろう。早まりやがって。」
煙草をくわえ
ナルサワの悪口を言いながらも
急いで学園に向かった。
学園近くに差しかかると
学園前の駐車場に消防自動車が見えた。
あのバカ。本当に呼んじまったのかと
頭をかきながら駐車場に車を滑り込ませた。

ナルサワは二人の消防士と
腕組みをしながら談笑をしていたが
残った生徒が
学園犬ホーリーを抱いて不安そうに俺の元へと駆け寄った。

「せんせ。大丈夫ですかね。」
「俺もよくわからん。いつから煙が出てんだ。」

そんな会話をしながら
俺も3人の輪に加わった。

確かに東側の壁からモンヤリと煙が上がっている。

ひび割れた外壁の穴に
学園の外水道から出ているホースが突き刺さっていた。
多分ナルサワの仕業だと思う。

「この壁壊しちゃっていいかや？　中みたいんだけど。」
消防士がそういうので
「どうぞ。直すからいいですよ。」
そう答えるとさっそく道具を使って外壁のモルタルをはがし始めた。

断熱材の周りの柱や壁が真っ黒に燃えていて
その後は上へと登っていた。
でも火は目視できなかった。

「なんなんですかこれ？」
俺が尋ねると
「わかんねえなあ。これが煙の原因だと思うんだけど。」
歯切れの悪い返答に少し苛立つ俺がいた。

ある程度壊し終わると消防士は
「中まで見てみないとわからないなあ。もう煙も出てないし。」
そう言って作業を中断し
俺らと話し始めた。

あいつはその時。
着実に登っていた。
ぽっかりと口をあけて待つ
明治時代建立の屋根裏へ。

突然だった。
俺たちの頭の上で
バリバリバリッて音がしたかと思うと
角の屋根からブワッと真っ黒な煙が噴き出した。

慌てて消防士たちは2階へ駆け上がり様子を見たが
火は見当たらず。
とにかくホースをつないで消火活動に移るが
そのホースが何度となく外れた。

あっという間だった。
あいつは学園の東壁から一気に駆け上がり
天井裏で暴れ
屋根を落とした。

「おい！ 早く消してくれよ。早く！」
どうにもできない俺は
ただそう叫ぶだけだった。

あいつは姿を現すことなく
あっというまに屋根を食い破り昇天した。
まるで龍のごとく。

校舎の中に入りたかったが
危ないからと入れてもらえなかった。

燃え盛る校舎。
いつまでたっても消火活動に入れない消防士。

いつしか何も口にすることなく
燃えていく校舎をただぼーっと眺める俺がいた。

開校当時を思い出していた。
卒業式を思い出していた。
あいつらの笑い声を
あいつらの涙を
俺は思い出していた。

なんとなく。
ここまで勢いでやってきた。
なんとかなるんじゃね？　精神で
面白おかしくやってきた。

すべて強運がもたらす幸せなんだって
感謝していた。

でも
全部終わった。

こういう終わり方するんだなって。
強運もここまでだって。
途方に暮れるとはこういうことなんだって。
思ってた。

あの気持ちは一生忘れることはできないと思う。

そんな時に
地方テレビが俺にカメラを向けて
「今のお気持ちは？」
なんて聞いてきやがった。
本当にこういうことしてんだなって吐き気がした。

「見ての通りだろ。気持ちなんてねえよ。」
怒りにもならない冷たいセリフを吐いた。
カメラマンたちはすぐ俺のそばから離れていったように思う。
誰も寄せ付けないオーラを出して
俺は一人
学園の庭に立ち尽くしていた。

あーあ。

そんな言葉が頭をリフレインしていた。

懸命に消火作業している消防士の働きにさえ怒りがこみ上げ
この怒りをどこにぶつけていいかわからなかった。

そんな頃。
生徒たちも大事を聞きつけて
(多分、俺が電話したんだろうけど覚えていない)
学園にぞろぞろ帰ってきて、その場にいると危ないので
学園横に流れる川の対岸で
あいつらの最後の砦が燃えている様を見ていた。

生徒たちの姿を見ていたら
余計悔しさがまし
怒りが喪失感へと変わっていくのがわかった。
しかし
26人の52の瞳が
俺に向けられているのを感じたのは
そんなに時間がかからなかった。

そうだ。
あいつらにとってこの学園は最後の砦。
あいつらの明日。
あいつらの未来を創る場所。

そこが燃えている。
あいつら何考えてんだろう。
どんな気持ちでいるんだろう。

そう思ったら
何かしなくてはとソワソワしてきた。
そうだよ。
校舎は燃えても俺には生徒たちがいる。
校舎はなくても俺たちと生徒がいれば学園は生きてる。

ナガオカどうすんだよ…

52の瞳が俺にそう問うてる様な気がして
すぐに答えを出さなきゃって思った。

俺のとった行動は
燃えている校舎を見ながら
不動産会社へ電話することだった。

あいつらの場所を見つけなきゃ。

それだけだった。

「あの。サムガクのナガオカですけど…
　今ちょっと学園燃えていまして…
　はい。燃えてるんです。
　で、30人ぐらい入れる場所探してもらえませんか？」

そんなやり取りを
何社かとやったのはぼんやり覚えている。

野次馬が群がり始め
校舎の周りは煙に包まれて
騒然となっていった。
近所の人たちの目が冷たかった。
「やりやがったな」的冷たい視線が俺に突き刺さっていった。

貸主の建設会社の社長も
心配して駆けつけてくれた。
当然心中穏やかじゃない表情だった。
とにかくまずは謝らなきゃ。
そう思って社長に駆け寄って
「本当にすみません。ご迷惑をおかけして…」
深く頭を下げた。

社長は冷静に
「薪ストーブ？」と俺に問うた。

10月頭。
まだ薪ストーブに火を入れていない。
薪ストーブの煙突下から出火しているように見えるので
当然そこを疑われる。

「いえ。違うんです。なんで出火したのかわからなくて。」
とにかく
頭を下げ続けた。
米つきバッタのように
そこに集まった人々に頭を下げ続ける俺がいた。
首が痛くなった。

2時間後。
鎮火。
そして現場検証が始まった。

消防職員は
必要に出火原因を究明しようとした。
ここでは語れないような
屈辱的な聴取を受けた。
本当につらかったのはあの場所に残った生徒だった。
あの子は必死で耐えてくれた。
ただ調子が悪くて学校に残っていただけで
疑いをかけられたあの子に
俺は一生償っていかねばならないと思っている。

そこまでやっても
消防学的にも出火原因はわからなかった。
わからないじゃ困る。
こんな小さな学園。本当に噂で吹き飛ぶ。

吹き飛べば生徒たちの明日も吹き飛ぶ。
万が一
俺たちに落ち度があるならばそれを明らかにし
しっかりと釈明する必要がある。
だから何が原因で出火したのかは
どうしても知りたかった。

結局その日は原因不明のまま現場検証は終わり
「明朝また来ます」と
消防関係者は学園を去って行った。

2階から大量に流れ落ちる水から
様々な備品を守るために
職員や支援者たちが校舎から荷物を運び出していた。
生徒たちも
ベショベショになりながら必死で働いてくれた。

俺は何もできなかった。
次の展開をどうすべきなのか。
そればかりが頭を支配して
体を動かすことなどできやしなかった。

一通りの運び出しが終わったところで
煙の臭いが漂う校舎前の庭に生徒と職員を集めた。

「今日はこれで解散しよう。みんなよくやってくれました。
　授業再開に関しては1週間後。連絡します。
　生徒たちはとにかく1週間、休みにするので過ごし方は各自で
　お願いします。
　本当にすまない。」

泣いている生徒たちもいた。
涙は流せなくとも
喪失感に倒れそうな生徒たちがいた。

苦しくて。
あいつらにこんな思いをさせてしまったこと。
こんな経験をさせてしまったこと。
感情を押し殺す俺がいた。
慌ててはならない。狼狽してはならない。焦ってはならない。
そして
涙は見せてはならない。

そうしないことで
あいつらの傷を少しでも浅くしたかった。
それぐらいしか
その時の俺にはできることがなかったから。

職員には
俺の店に集合してミーティングをすることを告げた。
原点である店がそこにあるだけで
本当に救われたような気がした。

22時過ぎ。
火災という現実と片付け作業に疲労困憊していながらも
すべてのスタッフが店に集まった。

みんな顔は曇っていて
誰も話をしようとしなかった。

その重苦しい雰囲気を壊すように
俺は口を開いた。

「ごめんな。こんなことになって。
　でもね。ここで終わるわけにいかないんだ。
　だから踏ん張ろう。ここで踏ん張れなかったら
　潔く解散すればいい。

でもこれにも何か意味があると思うんだ。
じゃないとおかしい。
みんなが人生を賭してくれている
こんな素敵な学園が燃えてしまうなんてことは
理不尽でしかない。
何かの啓示かもしれない。
きっと乗り越えろって言っているのかもしれない。
だから下向くのやめてさ
明日から
また一からやり直そう。
俺たちの校舎はなくなっちゃったけど
俺たちには校舎よりも大切な生徒たちがいる。
1日も早く
あいつらの場所を再建しよう。」

できるだけ
冷静に
そして力強さを意識して
スタッフに声をかけた。

みんな泣いていた。
悔しくて泣いていた。
でも
俺が信じた仲間たちだから
きっと明日は笑ってあの場所に来てくれるんだろうって。
笑い飛ばしながら
火災の後片付けをしてくれるんだろうって。

すがるような気持ちでいた。

とにかく
明日8時に
学園に集合ということだけを決めて

解散した。

時計の針は0時を指していた。

家族が寝静まった自宅に帰り
シャワーを浴びたあと
真っ暗なダイニングでビールを飲んだ。
何も頭に浮かんでこなくて
ただ
アルコールを胃袋へ流し続けた。

言葉が浮かんだわけじゃない。
何かを思い出したわけではない。

でも
突然大波が襲ってきて

真っ暗なリビングで
缶ビールを握りつぶしながら
声を押し殺して泣いた。

全身がカタカタ鳴った。
体の中心がピンっと張りつめて
脊髄の中心から振動が全身に伝わっていく。
抑えようもない
震えが
涙を自然と溢れさせる。

慟哭って
こういうのを言うんだろうなって
後で思ったけど。

あんな涙は

あんな孤独な涙は
生涯流したことはないだろう。

悔しさと
悲しさと
苦しさと
申し訳なさと
恥ずかしさと
屈辱感と。

全部
バーゲンセールのようにやってきて
弱っちい俺の心に石を投げた。

ほろほろ心が泣いていて
それを支えられない俺がいて。

なんのための独立だったのか。
なんのためにここまで頑張ったのか。
こんな男に人生を賭してきてくれた
仲間たちの努力はこうして残酷な結末を迎えるのか。

全部が
自分の責任のように思えてきて
独立なんかしなきゃよかったって。
学園なんて作らなきゃよかったって。
仲間たちに声なんてかけなければよかったって。

すべてのプロセスを否定する俺がいた。

涙は止まらなくて。
どこまで貯めてきたのか
脱水になるんじゃないかと思うぐらい
涙は流れ続けて。

謝り続ける俺がいた。

両親。
家族。
友達。
支援者。
保護者。
生徒たち。
スタッフたち。

そして
俺を信じてくれたすべての人たちに

ごめんなさい。
ごめんなさい。

謝り続けた夜だった。

東の空が明るくなり始めたころ。

謝るのをやめた。

もう
謝っても仕方がない。

ちゃんと今日から始めるんだ。
謝ることではなく
感謝できる毎日の為に
また
愛すべきスタッフたちと
愛すべき生徒たちと共に

もう一度
サムガクを作るんだって。
不思議なくらい切り替える俺がいた。

なくなったら
また作ればいい。

最初から何もなかったじゃないか。
だから
もう一度作り直せばいい。
作り直すそれは
壊れる前のそれより
間違いなくいいものになっているはずだから。

ハカイトサイセイ

そうだ。
俺たちはまた立ち上がらねばならない。

HOPE 9
再出発という名の困難

火災翌日。
重たいカラダとココロをなんとか引きずって
ため息にもならないようなため息をつきながら
学園へと車を走らせた。

できれば夢であってほしかった。
到着したら
「なあんだ。夢かよっ！」って
自分に全身全霊の突っ込みを入れたかった。

その希望的時間は
車から見える嫌味なぐらいに晴れ渡った
秋の信州の風景と共に
あっという間に終わってしまうのである。

その終わりを告げるように
校舎東側の看板に描かれている
ブルーのTシャツが見え始め
その看板の上の屋根がぽっかり口をあけていた。

残念ながら現実だった。

深くため息をつきながら
駐車場に車を滑り込ませると
そこに一人のいるはずのない男が立っていた。

スーツケースと
ビデオカメラを手に
その男は笑顔で俺を出迎えた。

工藤啓。

NPO法人育て上げネット理事長。

昨日
校舎が燃える最中
一番最初に電話した相手だ。

本来であれば
彼が企画した取材に対応するために
俺が上京しなくてはならない日だった。
こんなことになったから
上京できない旨を伝えるために彼に電話をしたんだ。

「あ、啓君。」
「お疲れ様です。明日お願いしまーす。」
「いやね。それがさ。今学校燃えていてさ…」
「ええ？　燃えてる？　どういうことですか！？」
「そうなの。火事。もう屋根おっちまってダメだねこりゃ。
　だから明日さ。悪いんだけど行けないや。」
「そんなことはどうでもいいんですけど。大丈夫ですか？」
「大丈夫とは言えないけどさ。どうしようもないし…」

次の瞬間
彼はとんでもないことを発言した。

とんでも発言だったけど
なんだかとても救われた気がした。

「ナガオカさん。チャンスです。これはチャンスですよ！
　サムガクの大切さとサムガクのすごさを確かめるためのチャンスです。僕がなんとかするんで大丈夫です！」

火災がチャンス。

そんなこと言われてもなあって
その時は思っていたけど

この男はそれを現実にしてしまうからすごい。

そして
翌日。
めちゃくちゃ忙しいくせに
なんの連絡もしないで
始発の新幹線で彼は学園に来た。

「啓君！　何やってんの！」
「何やってるって写真撮りに来ただけですから。
　気を使わないでください。」

冷静に淡々とそういうといつもの笑顔になった。
俺は彼の笑顔が好きだ。
屈託のない少年のような笑顔。
それでいて言動は常に冷静で論理的。

まったく俺とは正反対の男だ。
だからめちゃくちゃ頼りになる。
年下だけど
心から尊敬している経営者の一人だ。

彼と出会ったのは
その時から3年ほど前になる。

東京の中間支援NPOの主宰者である
後に親友となる「佐藤大吾」氏ともう一人
「どうしても会わせたい人間がいる」と
大吾さんのNPOにいた
宮本さんに
表参道の居酒屋に呼び出された。

そこに彼はいた。

先述したが彼の父上とは
面識があってサムガクと同じような
自立支援活動を行っている巨大NPOの理事長で
この業界のパイオニア的存在の方だ。
そのご子息が
これまたすごい人だってことは知っていた。
彼の書いた何冊かの書籍も読んでいたので
「ああ。本物ここにいる。」
なんて思った。
間違いなく俺より年上だって思ってた。

佐藤氏と彼の会話を聞いていても
何をしゃべっているのか難しくてわからず
まあ、頭のいい人たちだなあって
もっぱらビールと枝豆に集中していた。

なんとなくだ。
この男とはこれで最後かもって。
頭の良さが違う。
そして
合う合わないの雰囲気というか
同じ匂いがしない人間だって
勝手に思っている俺がいた。

そんなことをぼんやり考えている俺と
彼に向かって
佐藤氏はこんなことを言った。

「お二人にお願いしたいことがあります。
　ご自身のNPO事業は部下に任せて
　この国の為に動くことの覚悟をしてください。
　水面上に顔を出せる人間は限られている。
　限られているからこそ

どこでも顔を合わせる。
　それを偶然という人がいますが
　偶然ではなく
　当たり前のことなんです。
　お二人はその顔を出している一人。
　だから覚悟決めてください。
　そういう役割なんですよ。ここにいるってことは。」

ぽかんと聞いていたが
なんとも説得力のある話だった。

まあ、俺なんかはそれに相当するような人間じゃないにしろ
この隣に座っている彼は
間違いなくその一人。
同じ世代でもこんな人間たちがいるんだなあって。
長野の田舎にいると
こういう人たちには出会わないなあって。

なんだか本当に田舎侍が
初めて江戸に来ましたって感じ。

二人の難しい話を
最後まで
難しい話だなあって聞き終えて
いい感じに酔っぱらったところでお開き。

「それじゃ。また会いましょう。」
そう言うと
大吾さんは宮本さんと颯爽とタクシーに乗り
目の前から去っていった。

表参道の交差点に残された男二人。
まあ

さっきまでの感じでいくと
ここで
「お疲れ様でした。では」なんだろうなと
赤信号をぼんやり見つめながら思っていた。

すると彼は
「ナガオカさん。これからどうされるんですか？」
なんて聞いてきた。

「あ、原宿に馴染みの店があるのでそこで一杯引っかけて帰ります
　よ。」
と答えると
「ご一緒してもいいですか？」
なんて言うではないか。

あれ？　なんか違くないか？
想像していた彼であれば
俺となんかサシで飲むはずがない。
疑心暗鬼のまま
裏原宿にある先輩の店に入り
定番のテキーラを飲み始めた。

俺が感じていた
俺とは違うオーラは間違いなかったんだけど
こんなに暖かい人間はいないなって。
こんなに芯が強い人間はいないなって。
年下なのにめちゃくちゃ尊敬してしまった。

テキーラを何杯もショットで飲み干し
二人とも
ベロベロになりながら
今までの生きざまを語り合った。
会話がグルーブして本当に楽しかった。
初めて会ったのにずっと前から知っていたような感覚。

彼の経験に基づく
「人を支える気質」がすべての言葉から
伝わってくるような気がしたからか。

彼は最後にこう言うんだ。

「ナガオカさん。僕がサムガクの応援団やります。
　なんでもやりますよ。面白そうなんで。」

「マジで！　頼むよ。毎日潰れそうだから。ははははは」

俺は今でもあの言葉を忘れることはない。
そこに
社交辞令的なものを感じなかったから。
この男なら本当にこの学園を助けてくれるんじゃないだろうか。
その時
本当にそう直感した。

その夜から１週間後。
サムガクが主催した無料講演会会場に
キャップのツバを後ろに回し
Ｔシャツ短パン姿で
彼は現れた。
「来ましたよ。約束通り。」
そう言って笑った。
それからだ。
彼との付き合いは。

同業とはいえ
法人事業規模は数倍で
経営者としての力量も格上。

それでも
彼は俺との付き合いを続けてくれた。
いつも的確なアドバイスをくれて
困った時にはいつでも助け舟を出してくれた。

一見ドライ。
でもそれは見当違いも甚だしい。

本当に情が深く
そして熱く
そして底知れぬ優しさを持っている。

ただそれを必要以上に表に出さないだけ。
誰にも理解できないであろう彼の優しさの恩恵を受けている男として
彼のすごさは俺が一番アウトプットしようと思っている。

その日も
あの屈託のない笑顔で彼は
突然目の前に現れた。
まるでヒーローかのように。

まだ焼け焦げた匂いが充満する校舎内に入ると

「いやあ。酷いですね…外から見たら大丈夫かなって思ったんですが。」
そう言いながら
屋根が落ち
嫌味のようにきれいな青空が見える教室で
彼はカメラを撮り、同時にビデオカメラも回した。

わずか10分。
彼は2階から降りると

「それじゃ。帰ります。お手伝いできなくてすみません。」
と言い出した。

「いやいやちょっと待ってよ。せっかく来てくれたんだからもっ
　とゆっくりしていけば？」
と俺が制止すると

「ゆっくりするような所じゃないですよ。やらなきゃならないこ
　とがあるんで帰ります。」
そう言うと
呼んであったタクシーで颯爽と帰ってしまった。

その優しさに
深々と頭を下げてタクシーを見送る俺と
スタッフたちがいた。

「じゃあ。やりますか。」
彼を見送った瞬間から
サムガクの再出発は始まった。
まずは
焼き出された数々のものをスタッフ総出で片づけ始める作業か
ら。
借りてきた野外テントの下には
机一台と椅子一つの
「青空事務所」が用意され
モバイルWi-Fiを頼りに俺はパソコンを使い
関係各所に事情説明のメールを送り
携帯で電話しまくる作業が続いた。

翌朝、一通のメールが届いた。

啓くんからのメールだった。
彼と俺を引き合わせた

あの佐藤大吾氏が運営する
NPOの経営を支援する寄付サイト
「JUST GIVING JAPAN」で
サムガクを支援するチャレンジを開始したとのこと。

「燃え散った学園を復興したい」

これを瞬時に立ち上げるために
彼はわざわざ長野まで来たわけだ。
たった1日でサイトを立ち上げ
そのサイトへの協力を自らが持つ何千ものメーリングリストへ
一斉送信してくれたのこと。

アクセスすると
本当にチャレンジサイトは立ち上がっていた。
そこにこんなメッセージが掲載されていた。

NPO法人侍学園スクオーラ・今人復興義援金のお願いです。
昨日、14時頃、火の気のない場所から火の手があがり、
日本最小規模NPO立の「侍学園」が炎上しました。
私は朝一番で現地にかけつけ、その悲惨な現状と
代表長岡さんを含む、若きスタッフ陣の茫然自失した姿を
目の当たりにしてきました。
子どもや若者の大切な「学びの場」である教室は焼失し、
屋根瓦がフロアに散乱しています。
思い出の写真は燃え、学びを支えた教科書は灰となり、
そして、学生と教員を支え続けた数々の道具は
見るも無残に原型を留めていませんでした。
教員という立場を捨て、自らの人生／命を懸けて創り上げた学校。
それを支えた代表長岡氏の元教え子たち。
日本の未来を支える若人に成長の機会、居場所、もう一つの自宅。
7年の歳月を費やした「新しい公共」はほんの一瞬で消え去ったの

です。
代表の長岡さんは言いました。
「朝起きた時、夢の出来事だと思った。でも、これは　現実だった。
7年かけて築いたNPO立学校をまた一から創っていく」
この言葉は決意表明ではありますが、私は少し違うと思います。
学校というハードは一から、いや、マイナスから創っていかなければなりませんが、
彼ら／彼女らが築いたひとの繋がりや、
生徒・保護者との絆は振り出しには戻っていない。
だから、一からではなく、"いまから"なのです。
私は、ここに「NPO法人侍学園スクオーラ・今人復興義援金」事務局を設立致します。
私個人と、代表を務めさせていただくNPO法人「育て上げ」ネットで、
上田市に花咲いた学び舎の再興の手助けをしたい。
無事であった生徒は学びの途中です。
復興への資金のみならず、新しい学び舎の確保、焼失した物品。
目の前から消えたものは数多くとも、
彼ら／彼女らが積み上げた、目に見えない魂は残っています。
この魂、想い、経験、そして何よりも日本社会をよくしていきたいという
彼らの人生を懸けた「志」に対して、皆様のご協力を賜れれば幸いです。
義援金のみならず、何らかのメディア媒体を活用できる方がございましたら、
ぜひ、当該義援金事業の情報の拡散にもご協力ください。
何卒、よろしくお願い申し上げます。

NPO法人「育て上げ」ネット
理事長　工藤 啓

モニターが滲み
最後まで文字を読むことができない俺がいた。
キーボードが水没するぐらい
涙はこぼれ落ちた。
堪えることもやめた。
なんか違う気がしたから。

こんなことってあるのか。
こんな厚情って存在するのか。

いたって冷静沈着でドライなイメージを持たれる彼の
心の中に触れた気がした。
だから故に
その暖かさで
冬山のように凍りついた俺の心の積雪は
下流の事情を無視して溶解し雪崩を起こす。

人間にはできることとできないことがある。
しかし
やる人間なのかやらない人間なのかは
それを超えてしまう価値がある。

それまでも俺自身も学園存続のために
ありとあらゆる方法を考えて
NPOに対する寄付の募り方を実践してきた。

でも
なかなかそれは形にならなかった。
俺たち自身にもまだその価値がなかったことも原因だったかもしれない。
寄付しやすい、わかりやすい説明ができていなかったのかもしれない。
いや
それ以上に

この国の人々は
そうそう簡単に寄付なんてしないんじゃないか？
誰かのために犠牲など払わないんじゃないか？
なんて疑っていたことも確か。

その愚かな考えを
その愚かな予想を
彼のアクションと
佐藤氏渾身のスキームは見事に覆していく。

JGJはリアルタイムで寄付の速報が見れるサイト。

立ち上がってから連日。
サムガクのサイトには次々と寄付金が掲示されていく。
それもものすごい勢いで。

その寄付者の方は
当然知人も多くいたが
半数は俺も知らない人々。さらに匿名寄付なので
本当に誰なのかもわからない。

どこの誰かもわからない人が
こんな小さな学園のために寄付をする。
そして
そこに温かいコメントが付け加えられて届く。

このサイトを開くときには覚悟が必要だった。
その人々の数。
その人々の想い。

すべてを受け止めなければならない覚悟だ。

正直信じられなかった。

言葉は悪いが疑いもあった。

「なんで？　なんでこんなに寄付してくれるの？　どうして…」

恥ずかしいが
こんなことを考える毎日が続いた。

だって
俺なんかが作ったこんな小さな学園だ。
全国的にも知名度だって低いはずだ。
それなのに

「この学園をなくしてはならない」
「この学園の為にできることからはじめたい」

なんてコメントが毎日届く。

青空事務所で
涙を流す日が何日も続いた。
そのうち
くだらない疑心暗鬼は消え失せて
たくさんの感謝と
この想いにどう答えるのかだけを考えるようになった。

火災から2ヶ月余りで
全国から寄せられた義援金は1000万円を超えた。

1000万円だ。
サムガク初年度の決算額が600万円強だったことを考えると
とんでもない金額が「寄付」として
サムガクに寄せられたことになる。

その使い道について
頭を悩ませる自分がいた。

火災直後。
燃え盛る校舎を見上げながら
何件かの不動産会社に
学園として使える物件がないかと電話していた。
火災翌日。
俺は
学園周辺に空き物件がないか探しまわっている最中で
山の中にある
建設会社が保有する倉庫を見せてもらっていた。
どう考えても
学校になるような物件じゃなかったが
選り好みしている余裕など俺にはなかった。

「ここに…するか…」
ちょうどその時
心友の家が経営する不動産会社から
一本の電話が入った。
心友の親父さんである社長からだった。

「今、学校の方にカギ。置いてきたから。
　今日から使えるようにしてある。」

「本当ですか！　ありがとうございます！」

学園を支援してくれている市会議員の方のご配慮もあって
学園から近いところにある空き物件を
即効で用意して下さったとのこと。

しかし
不安が頭の中に浮かんだ。
ご厚意で用意してもらった物件だけど
「ちょっとこれじゃあ…」だったらどうしよう。

断るにも断りづらいし
家賃だって聞いていない。

とにかく。とにかくすぐに見に行こう。
山の倉庫はお断りして
すぐさま学園に戻った。

カギと共に持ってきてもらった地図を頼りに
その物件に向かった。

学園寮から徒歩5分。
主線道路から住宅街に入ったところにあったので
こんなに近くにいたのに
見たこともなかった。

住宅街の真ん中にその物件はあった。

しばらく使われていなかったのは
駐車場を覆う雑草の高さでわかった。

その物件を見た時。
車から降りた俺は地面に膝をついて
流れる涙を抑えることができなかった。

「マジか…これで再開できる。サムガクやれるぜ。」

空き物件とは思えないほど
とても新しく綺麗な平屋の日本家屋だった。
俺たちのこの大ピンチの為に
建てられたんじゃないかと思うぐらい
理想の物件だった。

すぐさま不動産会社の社長に電話し

「お願いします！　ここをお借りしたいです！」
興奮しながらそう言うと

「いいよ。好きに使ってくれ。家賃は…」
こんな状況だからと家賃も破格だった。

世の中には本当に素晴らしい人がいる。
本当に困っている人間に
さっと手を差し伸べてくれる人がいる。
俺たちはそれを目指して生きてきたが
やっぱり人に助けられる宿命なのかもしれない。

でも
いい加減に生きていたら。
いい加減に仕事してたら。
いい加減に人と接していたら。

絶対に助けてもらえないんだと思う。

すぐに評価なんてもらえないかもしれない。
面と向かって感謝なんてされないかもしれない。
それでも
自分がすべきことを
自分が決めた通り
決して曲げずにやり続けていれば
必ず誰かが見ていてくれる。

そして
ピンチの時に
ヒーローのように現れてくれるんだと思う。

心友のアツシもアツシの親父さんも
市会議員のKさんも

❾再出発という名の困難

俺の目の前に現れたヒーローだった。

このお三方には感謝してもしきれない。

火災から二日後。

俺たちの「仮校舎」への引っ越し作業が始まった。
できるだけ早く
生徒たちを学校に通わせてあげたい。
とんでもないスピードで引っ越しは進んでいき
火災から１週間後。

俺たちは「仮校舎」での授業を再開した。

仮校舎にはたくさんの支援者の方々や全国の仲間たちが
お見舞いに駆けつけてくれ

「よかったね。こんないい物件よくみつけたね。」
「ここならなんとかやれるかもね。頑張って。」
励ましの言葉と多くの義援金を持ってきてくださった。

見覚えのないワンボックスが駐車場に入って来たので
外に出てみると
「せんせ。来たぜ。」
とその人は車から降りてきた。

LSDの成澤社長だった。

「成澤さん！　どうしたんすか！」
俺は成澤社長の突然の訪問に興奮した。
LSDとは
俺が尊敬して止まないロックバンド
「横道坊主」が所属する事務所だ。

これも有り得ない出会いだった。
当時うちで働いていた職員が
前職でお世話になっていた音楽事務所に所属していたのが
「横道坊主」で
これまたお世話になった
長野県が誇るジーンズメーカーが毎年開催していた
ビックイベントに出演するために
長野に来た際に
そのスタッフが段取りをして
半ば強引に会わせて頂いたのが最初だった。

バリバリのパンクロックバンド。
CDジャケットでしか見たことがなかったが
ステージ上のメンバーの皆さんは
「想像通り」の迫力が滲み出ていた。

「いやいや。あの方たちがうちの学校なんて興味あるはずない
　じゃん…」

リーゼントに革ジャン。
横道坊主を囲むファンの人々もバリバリだったから
そのスタッフSが
「横道の皆さんもせんせに会いたいって言ってますから。」
なんてのがウソにしか聞こえなかった。

「サムガク？　あっそう。それってロックなの？」
なんて言われるんじゃないかって
失礼だけど勝手に妄想し
「いいよ。忙しいだろうから。ご迷惑だろうし…」
完全に面会を拒否する俺を
「何言ってんすか？　大丈夫っす。スゲーいい人たちですから」
とスタッフSは俺を強引に控室へと連れて行った。

圧巻のライブを終えた兄貴たち(俺はその日から兄貴と呼ばせてもらっている)は
控室でビールをそれは旨そうに飲んでいた。

「失礼しマース…はじめまして。」
俺はスタッフSに続いて控室に恐る恐る入っていった。

「あ。本物だ。」
ニコニコしながら俺の方に歩み寄り
がっちり握手してくれたのは
横道坊主リーダーの「今井秀明兄貴」。
ステージ上ではヤバすぎるリードギターを掻き鳴らす
綺麗すぎる金髪の風貌とは余りにもギャップがあった。
めっちゃ怖い人なんだろうって構えていたのが
滅茶苦茶失礼でアホらしく思えるほど
言葉と表情に今井兄貴の優しさが滲み出ていた。

「ダッセン。読ませて頂きました。すごくよかった。」
お節介なスタッフSが事前に兄貴たちに
俺の本を渡していたらしく
それを今井兄貴はちゃんと読んでくれていたようだった。

「ナガオカせんせ。はじめまして! 義人です。」
バスタオルを一枚腰に巻いた姿で
俺の肩を叩いてくれたのがボーカルの「中村義人兄貴」
まさにロッカーだなって思った。
義人兄貴もステージ上の迫力ある姿から想像できないぐらい
気さくで優しい方だった。

初めて会ったのに
何故か意気投合し
その日の週末、東京で会うことになった。
渋谷の居酒屋で再開した時に初めて会ったのが
所属事務所の社長、成澤さん。

大手有名事務所時代から敏腕マネージャーで
横道兄貴たちに惚れ込んで
事務所を独立しちゃったスゲエ人だ。

出会って1週間後。
朝まで飲み明かし
明るくなりはじめた246を歩いたあの日を
俺は一生忘れないと思う。

そんな出会いから
俺は横道兄貴たちのライブに通うようになっていた。
そして
燃えてしまった旧校舎で
ライブをやってもらったこともある。
あの時はもう痺れまくった…

その成澤さんが
何故ここにいるのか。
理解に苦しむ俺がいた。

「大変だったね。ごめん。来るの遅くなって。」
成澤さんはそういうと
封筒と大きな瓶を俺に手渡した。

封筒には紙幣が
瓶にはたくさんの貨幣がぎっしり詰まっていた。

「これ。ファンの皆の想いだから。
　できることは少ないけどさ
　想いはスゲー詰まっているから。
　これからもツアー中。ファンに呼びかけるからさ。
　絶対に立ち上がってよ。
　俺が言わなくても立ち上がるだろうけど。」

横道の兄貴たちは
うちの火災を聞いてから
ライブ会場にギターケースを広げ
サムガクの義援金を集めてくれていたそうだ。

瓶の重さが
一度も会ったことのないファンの皆さんの想いだと思うと
ボロボロ涙が溢れた。

「ありがとうございます。なんてお礼言っていいか…」

「あんなせんせ。これ俺たちがお礼言われることじゃないし
　俺たちがスゲエんじゃないんだ。
　横道のファンたちがスゲエんだよ。
　じゃあ。また来るから。」

そう言って
仮校舎に上がりもせず
成澤さんは颯爽と帰ってしまった。

ロックだ。
Love&peaceだ。
カッコよすぎる…

横道兄貴たちの唄に
「アマッチ」という楽曲がある。

俺たちはまだ　崩れそうでもまだ
終われはしない
日溜りをもっと　この風をもっと　ただ揺らしてゆけ

この歌詞が
あの当時

本当に崩れそうだった俺の心を支えてくれた。

あれからも
今井兄貴は
毎年学園の遠足に参加してくれるし
義人兄貴は
BARHIDなんていうちっぽけな店で
ソロライブをやりに来てくれる。

何かできることがあれば。

口にするのは簡単だ。
でも横道の兄貴たちは
それをずっと続けてくれる素敵な方々だ。

俺にとってかけがえのない兄貴たちができた。

先述したこの業界のパイオニアであり
工藤啓氏の親父さんに当たる工藤定次さんと
俺の姉さん的存在の永富さんも
仮校舎が決まった当日にお見舞いに来てくれた。

「まあ。お前の事だから大丈夫だと思うけどよ。
　なんかの足しにしろ。」
そう言って
封筒を俺に手渡した。
なんかの足しどころじゃない。

「こんな金額頂けませんよ！」
封筒の厚さにビビった俺はすぐさま封筒をお返しした。

「バカ野郎。こういうもんは黙って懐にしまうのが礼儀だ。
　本当にお前は馬鹿野郎だなあ。」
そう言って腕組みしながら工藤さんは笑った。

仮校舎についての感想と
上田市の旨いものの話と。
火事については
一言も触れない工藤さんがいた。

多分。
この人がこの業界でこの仕事をし続けることの
大変さを一番知っているんじゃないかと思う。
強面だし
発言も白黒はっきりしている。
若造なんて怖くて近づけないオーラがある。

でも
心底優しい。
圧倒的に懐が深い。

そうでなければ30年間も
誰かのために仕事なんてできないはずだ。
そして
この業界を社会資源として必死に底上げしてきて
下さった方だ。

「暇だからよ。適当に時間潰して帰るからな。」

そう言うと
永富姉さんとさっさと帰ってしまわれた。
そういうところも
俺とはレベルが違う…

帰り際。

永富姉さんは俺に

「いい？　お前なら大丈夫だから。
　みんなちゃんと見てる。ちゃんとわかってるから。
　もちろん、私もね。」

そう言って手を振った。

その後も
工藤さんは俺にとって大きな目標であり
灯台であったりする。
そして
一緒に一冊の本を作ったこともある
永富姉さんは
どんなことでも相談できてしまう
本当の姉ちゃんとしてお付き合いが続いている。

「あ。どうも。ナガオカ理事長？　三四六です。」

この兄貴は
普段耳にしている声のトーンから
3オクターブ位低い声で
いつも電話してくる。

長野県では知らない人がいないほど
ラジオやテレビで活躍している
「松山三四六」さんから電話が来たのは
火事から1週間が過ぎた頃だった。

屋根が落ちた教室に入ると
「いやあ。大変だったね。

すぐに駆け付けたかったんだけど遅くなってごめんな。」

教室の中から空を見上げながら
三四六兄貴は静かに呟いた。

三四六兄貴との出会いは
サムガクが開校して2年目の時だった。

大講演と題して一般向けの無料講演会をサムガク主催でやっていて
その講師選定の会議の際。
FM長野の番組でパーソナリティーをやっていた
三四六兄貴の名前が挙がった。
正直。
俺はその時、三四六兄貴の顔は知らなかった。
当然ラジオ番組のパーソナリティーだから当たり前だ。
軽快なトークと
お色気トークや笑い満載の人気番組だったので
うちのスタッフにもファンがいた。
三四六兄貴は
リスナーからの
ディープなお便りに対しても真摯に向き合い
温かいメッセージを送っていた。
そんな三四六兄貴だから
ファンはどんどん増えていき
リスナーに向けて作ったオリジナルソングを
CD化しようという運動まで起こった。
今では長野県内の名だたるホールでコンサートを開催し
常に満員にしてしまうミュージシャンとしても活躍している。

そのきっかけになった楽曲
「今が輝かないのなら」を始めて耳にしたとき

「この人なら

俺たちのやっていることに賛同して下さるかもしれない。
　かもじゃない。絶対してくれるはずだ。」

そう確信していた。

三四六兄貴のラジオ番組は３時間生放送。
当時公開生放送をしていて
ガラス張りのスタジオの前には多くのファンが詰めかけていた。

なんの繋がりもなかった俺たちは
俺たちなりの方法で
三四六兄貴にコンタクトをとることを思いついた。

思ったら即行動。

「俺が今からスケッチブックにメッセージ書くから
　お前スタジオの前でずっとめくってろや。」

「はははは。了解っす。余裕っす。」
当時の校長ケンジは目を輝かせてそう言った。
こいつはこういうことに滅法やる気を出す。

その日。長野市は雪が降っていた。
雪が降りしきる中
「侍学園と申します。」
「うちで講演して頂けませんか？」
「お話だけでも聞いてください。」
と一枚一言書かれたスケッチブックを
ケンジは三時間めくり続けた。

100kgを超える大男が
アフロヘアーに雪を積もらせて
スケッチブックをめくり続ける。

目につかないわけがない。

番組の途中。
CMに入ったところで
三四六兄貴はスタジオの外に出てきてくれた。
「なんなんだよ（笑）お前は！」
呆れて笑いながらケンジに近づいてきた。

このワンチャンスに賭けていたケンジは
学園の趣旨を説明し
なんとか説明のお時間でも頂けないかと懇願した。

三四六兄貴は番組終了後。
出待ちをしているファンへのサービスを
しっかり終えた後。
ケンジの話を聞き
スケッチブックにサインをしてくれた。

「俺そういうのやったことないから。
　一応マネージャーに聞いてみるわ。」

ケンジは学園に戻るなり
興奮気味にこの過程について報告した。

しかしことはそううまくはいかない。
「三四六は講演会をやるようなタレントじゃないんで…」
やっと漕ぎつけた
三四六兄貴のマネージャーとの面会で
いきなりNGを食らった。

当時、三四六兄貴は
大手芸能事務所に所属していたんで
担当マネージャーも滅茶苦茶厳しかった。

「いや。絶対に素晴らしい講演になると思うんですよ。
　みんな聞きたいと思っていると思うし。」
NOと言われれば言われるほど
何故かスイッチが入る俺は
忙しそうに時計を気にする服部マネージャーを
3時間拘束した。

次第に服部マネージャーも
サムガクの活動趣旨に興味を示してくれるようになり
最後には

「もうわかりましたよ。ナガオカさんしつこい。
　お引き受けします。まずは三四六と会って頂きましょう。」

そう言ってくれた。
しばらくして
東京駅で初めて三四六兄貴とお会いすることとなったわけだ。
柔道家として世界を目指していた
芯の太さと
こんな俺にも礼儀正しく低姿勢の振る舞いに

「間違いない。この人なら人の心を動かせる。」
そう思った。

話している途中。
昔から三四六兄貴のことを知っているような気がしてきた。

「あ。あの人だ。」

小学生の頃。
俺はものまね番組が大好きだった。
放送されるものはすべて録画していた。VHSで。

素人だろうとプロだろうと
面白い人のものまねは繰り返し見ていた。

好きなものまね素人の中に
柔道着を着てステージに立ち
名曲「We are the world」を一人で歌う人がいた。
後輩と思われる助手が
声色を変えるタイミングで
早着替えを手伝う。
特にブルーススプリングステーンのパートの時は
圧巻だった。
その話をすると

「マジか！　かなりコアなファンだ。あんた変わってるな。」
そう言って
三四六兄貴独特の笑い方でのけぞった。

なんとなく
それから一気に距離が縮まった気がした。
講演会の話はトントン拍子で進み
迎えた当日。
開場には600人の人が訪れ
素晴らしい講演会になった。
服部マネージャーから
「絶対に歌を歌うのはNGだから。お願いしますよ。」
と、念を押されていたけど
兄貴はギターを担いで新幹線を降りてきたし（笑）
「歌うに決まってるだろ。」
そう言って笑った。
結局
「今が輝かないのなら」もきっちり歌ってもらったんだけど。

あれから
三四六兄貴は講演会に引っ張りだこだ。

記念すべき第一回目を
サムガクでやってもらえたのは
俺の誇りだったりする。

三四六兄貴はことあるごとに
サムガクを応援し続けてくれた。

「何もできないけどさ。俺にできることがあったらなんでも言って。」

多額の義援金をさりげなく置いて
三四六兄貴は学園を後にした。

その週の兄貴のラジオ番組でも
しっかりと取り上げてくれて
それによって義援金がさらに集まった。
ラジオ番組に電話出演させてくれたり
三四六兄貴のトーク番組に2回もゲストで呼んでくれたり。

みんなの前では
三四六兄貴に俺はいじられるんだけど（笑）

二人の時の兄貴は
ちょっとトーンが違って。
真剣に俺の話を聴いてくれる。

「お前は偉い。本当に偉い。」
いつも
この言葉で締めくくってくれるだけで
俺は大きな勇気をもらっている。

本当に

苦しいことを知っていて
傷ついた痛みを知っていて
裏切られる切なさを知っていて
挫折の冷たさを知っていて

それを全部温められちゃう
圧倒的な優しさと強さを持っている方だ。

この厳しい寒さにも
何か意味があるのなら
やがて訪れる春を待とう
必ず来ると信じて

三四六兄貴の楽曲「ライチョウ」の中の歌詞は
今も俺を支えてくれている。

たくさんの方々に励ましてもらいながら
サムガクは仮校舎でなんとか活動を続けていた。

最高の物件ではあったけど
手狭感は否めなかった。

教室となる大きな部屋と
スタッフルームの8畳間。
そして理事長室の6畳間。

男子トイレは
仮設トイレをレンタルし
外に置かれていた。

教室も狭く
生徒たちは自分の席に座ると
1日中そこに座ることになった。

エスケープできる場所もなく
常に人の体温を感じる距離で1日を過ごす。
そもそもそれが苦手な人間たちが
この学園を求めてきているわけだから
状況は深刻だった。

火事というどん底から比べれば
そんな贅沢を言っていられなかったんだけど
人間の脳は忘れていくもの。
そして
目の前のものに反応していくものである。

しばらくすると
サムガクに「不登校」が生まれ始めた。
まさに本末転倒だった。

生徒一人一人の面談をするスペースもないから
駐車場に止めてある車の中で
各担当者は面談しなければならない始末。

「学校には行きたいけど…苦しいんです。」

一人の女の生徒のSOSで
俺は本格的に危機感を抱くようになった。
そうじゃなくても
生徒たちにはとてつもない精神的苦痛を与えてしまった。
そこから立ち直るにも
人の倍かかるやつらだ。
これ以上。生徒たちに負担をかけたくない。
その思いと
仲間たちや全国の皆様から届いた「想い」の使い道への迷いが
混ざりあっていくのがわかった。

新校舎だ。

それしかない。
義援金を送って下さった方々は1500人を超えていた。
システムの問題や
先頭に立って義援金を集めて下さった方々の配慮もあって
実は
誰が義援金を出してくださったのか
情報が手元になかった。

だから
本当に失礼な対応に見えたかもしれない。
「義援金だしたのになんのお礼もない」
そう憤慨された人もいらっしゃったと思う。
本当に申し訳ないと思うが
しなかったのではなく
できなかったのだ。

それでも
義援金を出してくださった方々は
「その後、サムガクどうなったんだろう？」と
追跡してくれるのではないかと思った。
HPを覗いてくださるのではないかと。

10円の寄付であろうと
10万円の寄付であろうと
寄付して下さった方々にとってとても大切なお金。
そして
俺たちにとってもすべてが同価値の想い。

お礼の形は
HPでのお礼に統一し
とにかく
「寄付してよかった」と誰もが思っていただけるような

報告をする必要があると思った。

そして
誰もが納得する義援金の使い道。

それは
義援金で新校舎を購入し
完全寄付立の学園として復活すること。

俺の頭の中に
はっきりと進むべき道ができた。

「新校舎。買うぞ。それも今すぐ動き始める。」

「またー。」
「急すぎるって。」
「始まったよ…」
会議で俺がそういうと
いつもの答えがスタッフたちから返ってきた。

よし。いける。
俺はいつもそう思う。
安易に賛同されるとうまくいかない。
なんとなくだけどそう思うんだ。
反対されることには理由がある。
つまりそれは今までなかったことや前例のないことな証拠。
新しいことを始めるってことは
そもそも
今までなかった「理由」が必要になる。
反対ってのは
「それ新しい！！」って言ってもらってるのと同じだから。

旧校舎よりも大きくて

寄付者のみなさんが自分の学校として誇りの持てるような物件。

すぐざまリサーチに入る俺がいた。

「せんせ。あそこどうですか？」
ケンジが提案してきたのは
生徒たちの朝のウォーキングコースの折り返し地点にある
工場だった。

「なんか空いてますよ。結構大きいし。寮とも近いし。」
とにかく見てみようとすぐさま現場に向かった。

もともとプラスチック製造工場だったらしく
「ザ・工場」って感じの建物だった。

「いやあ。ここで人が学び育つって…ないかな。」
建物の雰囲気で
「学び舎」にはならないなって直観的に思った。

ため息をつきながら
周囲を見渡すと
その工場の奥に
綺麗な建物が建っているのが目に入った。
こんなに近くにいながらも
その建物を目にするのは初めてだった。

「ケンジ。あれは？」
「あれは新しそうですよ。会社やってんじゃないですか？」

見るだけはタダだと思い
近づいてみると
その建物はもぬけの殻だった。

非常に綺麗な建物で

大きさも十分。
駐車場も広く周りは畑が広がっていて
建物の裏には一級河川も流れていた。

玄関は
何故か「青色」でカラーリングされていた。

「ここだ。ここが呼んでる。」

心の中でそう呟いた。

「新しいから高そうっすね。諦めましょう。」
さっさと帰ろうとするケンジを無視して
俺はすでに不動産会社の友人に電話をかけていた。

数分後。
電話は折り返され
持ち主は判明した。

「中を見せてもらいたいんだけど。」

そう伝えると
翌日持ち主である会社の担当者が
開けてくれることになった。

もうワクワクして仕方がなかった。
大きさを考えると
1億ぐらい？　するのかなあと
なんとなく想像していた。
賃貸すれば月々の家賃を払えばいいんだし
とにかく
借りれるのかどうなのかだけでも知りたくて仕方がなかった。

翌日。
持ち主だった企業の担当者の方が2名
その物件に来てくださり、物件の中を見せてくれた。

しばらく使われていなかったことは
なんとなくわかったが
十分新しいし
イメージがすぐに湧くレイアウトだった。
何よりも
大きな機械が入っていたと思われる
クレーンのぶら下がった工場は
見方によっては「ホール」に見えた。

入学式。卒業式。そして学園祭。
それから…

そのホールを見渡した時
もう俺の中では

「きーめた！」になってた。

以前応接室に使われていたであろう部屋で
企業の担当者の方々と
具体的な話をすることになった。

「事前にお話ししておかねばなりませんが…」

賃貸はNG。
出鼻をくじかれた気がした。

「できればご購入頂きたいんです。それもできるだけ早く。」

倒産したわけではなく
海外へ工場を移転した関係で

できるだけ早く清算したい物件のようだった。

でも
土地だけで700坪はある。
建物もまだ新しい。

億という文字が想像できる物件だ。
恐る恐る
「いかほどで譲っていただけるんでしょうか？」
と聞いてみた。

担当のNさんは
申し訳なさそうに
「弊社とすればこれ位でお願いできればと」
簡単な見積書を見せてくれた。

「いちじゅうひゃくせん………ん？」

想像していた数字より
遥かに破格なその値段を何度も確認し

「買います。すぐ買います！」

俺はそう叫んでいた。

決め手は
俺が26歳で建てた自分の家より

安かった。

いける。これならいける。
一人で興奮していた。

「明日。仮契約したいんです。お願いできますか？」

余りの決断の速さに
逆に「もっとお時間かけて構いませんよ」と
言われる始末だったが
いやいや
もう止まりませんよと心は突っ走っていた。

ただでさえ破格の値段だったが
こちとら断崖絶壁目の前の身。
交渉はいくらやってもタダだからと
かなり無理なお願いをしてみた。

「あの。切りよく。ちょっきりになりませんか。
　して頂けたらもうハンコ押します。」

言ってみるべきである。

うちの学校の状況も調べて下さり
ご厚情を持って
こちらの要望の金額にして下さった。

気が変わらないうちにと
正式な契約書を交わし
手続きを開始し始めた。

物件と出会って４日目の事だ。

俺はその時点で初めて
うちのスタッフたちをその物件に連れて行った。
それまでの経緯は誰も知らなかった。

物件に連れてこられたスタッフたちは
何やら疑わしさを醸し出しながらも

「いいねー。スゲーいいよ。」
「こんな建物あったんだ。」
「ここ。教室になるんじゃね?」

なんて口々に喜んでいた。

「どう。気に入った?
　いいだろ。
　もう俺たちのもんだ。
　ここが新しいサムガクだ。」

俺がそういうと
全員が

「は?」

と目を丸くしていた。

しばらく間があいて

「また始まったよ。」
「何言ってんだよ!」
「もう買ったとか言わないよね?」

いつものクレームオンパレードだったが

「いや。もう買った。ハンコ。押した。」

俺は冷静に答え

「えーーー!」

全員が同じリアクションをした。

そこで
いつもの漫才が繰り広げられたんだけど
急に冷静な言葉が俺に突き立てられた。

「で。金。どうすんの？　ってかいくらで買ったの？」

「うん。それ。問題はそれ。」

「えーーー！」

まあこれは想定内だった。

火災から2ヶ月。
1500人を超える方々から送られた
サムガクへの復興義援金は1000万円を超えていた。

1000万円はあったってことだ。
しかし
かなり強引な交渉の末。
物件の値段をディスカウントしてもらった金額は
総額3000万円。
2000万円は確実に足りなかった。
さらに
支払い期日は1ヶ月。
正直なんの当てもなかった。

銀行に融資を受けようにも
NPOに貸してくれる金額のマックスは500万円がいいところ。
スタッフたちの不安を搔き立てないように

「大丈夫だ。なんとかしよう。」

とは言ったものの正直参っていた。

銀行もダメなら
自分の家でも売ってなんとかするしかないと思ったが
現実的じゃないことはよくわかっていた。

頭を抱える俺の脳が一人の救世主の声を思い出していた。
火事の翌日。
その人から俺の携帯に電話が入った。
海外からかかってきていることを示す
番号の前の「＋」が
何かを案じているかのように思えてすぐさま出たのを覚えている。

火事のニュースはすぐにその人の耳に入り
わざわざ電話してきてくれたわけだ。

「キミには借りがあるからさ。できる事ならなんでも言ってください。」

とても短い会話だったが
それが脳の片隅に残っていたってわけだ。
その人が
俺の関係の中で借金できるであろう
一番可能性の高い方だと思った。

ハンコを押した夜。
店のカウンターで意を決して
「＋」の電話番号をコールした。

その後の経緯について簡単に報告した後

「あの。あの話生きていますか。
 単刀直入にお願いします。

2000万円。貸してもらえませんか？
　校舎。買っちゃったんです。」

そう言うと
その方は少し黙った後

「あのさ。貸してくれっていうのはね。
　返さなければならないんだよ。
　キミのNPOの経営状況は大体わかる。
　返せるわけないじゃない。
　無理でしょ。
　だったらさ…」

「だったら？　なんでしょう。」

「寄付してくださいでいいんじゃないの？
　お金くださいって言えば。」

心臓が飛び出しそうになった。
電話での話とは思えないほど
とんでもない条件が目の前にある。

一人の俺は小躍りして
「言っちゃえ！　言っちゃえ！　くださいって言っちゃえ！」と
連呼した。
喉元までその言葉が隆起してきたが
次の瞬間。
もう一人の俺がとんでもないことを口にしていた。

「どうして無理なんですかね？
　お返ししますって言っているんです。
　その代わりなんですけど
　無利子で貸してください。
　365日できっちり耳揃えて2000万円お返ししますから。」

俺は
「無理」とか
「できっこない」という断定に
なんだかトリガーがあるみたいで。
言われれば言われるほど燃えるというか
その逆を行きたいという衝動に駆られてしまうから
困ったもんだ。
もう
お願いしている人間の言葉じゃない。
今考えても本当に失礼千万だったと思う。
それでもその方は

「わかりました。明日弁護士から連絡させます。
　あとはダイゴに任せるんで。」
そう言って電話を切られた。

ダイゴとは
先述した「佐藤大吾氏」の事だ。
NPOの活動を支えるNPOってのがある。
当時先駆的存在だった「チャリティープラットフォーム」の
代表をやっていたのがダイゴさんだった。

その方との調整をダイゴさんがやってくれることになって
本当に2000万円というお金を借りることができてしまった。

物件の持ち主だった企業の担当者も
そりゃびっくりしていた。
どうやってこの短期間でこんなお金を用意できたんだろうって。

「ご縁」って言葉はよく耳にする。
なんらかのきっかけで
誰かと誰かが出会い

そして
その後その出会いがとんでもない化学反応を起こしたりする。

人と人が
偶然に出会うなんてことはないと思っている。
偶然に出会ったとしたら
それはご縁でもなく
さらにはその関係は一度きりのもんであって
記憶の中からも希薄化していくもんだと思う。

そうではなくて
何故あの時お会いしたんだろう？
いつからこうしてお付き合いが続いているんだろう？
なんて場合は
間違いなく「偶発的」な出会いなんかじゃないはずなんだ。
「シンクロニシティ」と俺は理解している。
必然的出会いは
それまでのプロセスに大きな意味を持ち
すべての選択は
この出会いという一点の為に行われていたという概念。

あの時ああしていなかったら。
あの時ここに行かなかったら。
あの時ああ思わなかったら。

多分
どれ一つ欠けていても
その出会いってのはあり得ないんだと思う。

俺にとって
この火災っていう災害は
猛烈なダメージを負うものだったんだけど
それによって
今までどんな選択をして

どんなシンクロニシティが生まれてきたのかを
はっきりと感じることができたし

自分たちの存在価値も
本当に目に見えるかたちで目の前に現れたというか。

ご迷惑をおかけしたすべての皆様に
深くお詫び申し上げながらも
この災害が
俺にとっても
サムガクにとっても大きなターニングポイントに
なったことは間違いない。

偶然ではなく
必然性をもって
俺たちは「新しい船」を手に入れることになった。

火災からわずか5ヶ月。
急ピッチで行われた新校舎のリフォーム終了の目標は
3月5日。
どうしても
新校舎で「卒業式」をやってあげたかった。

ここから巣立とうとしてる生徒が三名いた。
その生徒たちは
自分たちの卒業式はないんだろうと思っていたに違いない。
そりゃそうだ。
自分たちの学校がなくなっちゃったんだから。

そんな悲しい巣立ちはない。

なくなったから出ていくんじゃない。
そこにある学び舎に

ちゃんと足跡を残して巣立ち
いつかその学び舎を支えるために戻ってくるんだ。

せっかくこの学び舎を選んでくれたんだ。
ここで一生懸命羽ばたくための努力をして
後ろ髪引かれる思いを断ち切って
せいので飛び立つ。

そこは「仮」ではダメなんだって。そう思っていたから。

理事や生徒やスタッフ
そして俺の仲間を総動員して
廃工場だった物件を
「学び舎サムガク」へ創り上げる日々が続いた。

3月4日。

まだ完全ではなかったけど
なんとか引っ越しも終わり
紅白幕が張られた
「イマジンホール」は
生徒たちの巣立ちを喜んでいるようだった。

ハカイトサイセイ

あの日の夜中。
もう俺は終わりだって思った。
どんなに頑張っても
所詮は人間の運命なんて決まってる。
自分の努力でなんか
そのラインは変えることなんてできないんだって。

色んな事を疑い
色んな事を羨み

色んな事を妬み
色んな事を恨んだ。

自分一人の人生しか見えていなかったら
俺は間違いなく
人の道を外れていたに違いない。
それぐらい
「正しい生き方に対する仕打ち」に
牙をむいている自分がいた。

でもできなかった。
俺の中にはたくさんの人々の人生が生きていたから。
そして
続けさせてあげられなかった
途中で途切れてしまった人々の人生が生きていたから。

その人生のラインが
俺を繋ぎとめてくれたんだと思っている。

あの夜。
ハカイされた心を
サイセイし始めてくれたのは
人々の人生の音色だった。

このサムガクのプロセスは
ここで成長する生徒たちの心のプロセスそのものだって
この経験を通して実感せざるを得なかった。

一度壊したものを
そのままにせず
それを糧にもう一度再生する。

それは一人ではやらない。
一人でやって失敗したんだから
今度は誰かと
もっといい人生を作る準備をするんだ。

一度は一瞬にして消えそうになった学び舎が
たくさんの人々の想いで再び立ち上がり
そして
3人の生徒たちを
力いっぱい送り出していた。

生徒たち一人一人に送るエールと共に
俺は
すべての支援者の皆様に対して
こうメッセージを送った。

我々はあの日校舎を失った。

失ったことで
わかったことがある。

奪われたのは昨日であり
明日は奪われていないということ。

だからこそ
明日に向けた
希望の種まきが必要なんだ。

新しいこの船で
新しい希望の種を撒こう。

たくさんの人々の想いが詰まった新しいサムガクの校舎は
俺たちの希望となり
これからサムガクを必要とするたくさんの人々の希望となるだろう。

奇跡の復活を遂げ
未曽有の困難を乗り越えた俺たちは
「もう乗り越えられない困難などない」
そんな自信と希望に満ち溢れていた。

しかし。
人生とは困難を排除しないものである。

その6日後。
あの日はなんの前触れもなく訪れた。

2011年3月11日。14時26分
東日本を地表の大波と海洋の大波が襲った。

「俺たちの復興プロジェクト、止め。

……さて。おっぱじめようぜ。」

⑩その先にある希望

発行 HID BOOKS
発売 サンクチュアリ出版
定価 本体1200円＋税
頁数 253P
ISBN 978-4-86113-701-3

ダッセン

小4の時、俺は「先生」になろうと心に決めた。
でも「先生らしく」なんてなりたくなかった。
「教師の威厳」なんて糞食らえだった。
ただあいつらの傍にいる身近な大人でよかった。

この本は、平凡で、ごく一般人であり、有名でもなく、お金持ちでもない俺が、教師を目指してから、教師になり、そして教師を辞めて、その後どうしてるかを魂を込めて綴ったメッセージブックである。
教師になりたい人、現在教師をやっている人、この先何をしていいかわからない人、生きる希望を失っている人、死の淵に立っている人、自分の将来に不安を感じている人、今楽しくない人、そんな人々に読んで欲しい本である。

発 行　HID BOOKS
発 売　ポプラ社
定 価　本体620円＋税
頁 数　269P
ISBN　978-4-591-14271-4

サムライフ

愛されたいから、抱きしめられたいから
彼らは自分を傷つける──

「自分の学校を作りたい！」という夢を実現するため、男は教師を辞めた。
人脈も資金もない中で無謀とも思える行動。
しかし男はありったけの情熱で困難を乗り越え、いつしか周囲には、
強い絆で結ばれた仲間たちが集い始める。
波乱と感動に満ちた男の、超・情熱的自伝。

発行 HID BOOKS
発売 サンクチュアリ出版
定価 本体1300円+税
頁数 256P
ISBN 978-4-86113-703-7

ライン
限界なんて飛び越えちまえ！

理由なく引きこもる奴なんかいない。
引きこもりたいんじゃない。
引きこもるしかないんだ。

力ずくで引きずり出すようなやり方では、本当の自立や成長を促すことはできない。
いいアドバイスなんて必要ない。
叱咤も激励もいらない。
苦しみもがく彼らを、根気強く、じっと見守る。
そして自らの力でラインを越える瞬間を、愛を持って見届ける。

HOPE
ひとりでは割れない殻でもみんなとなら溶かせる

2018年4月13日　第1刷発行

著　者　　長岡秀貴

発行者　　長岡秀貴

編　集　　井上仁美

発　行　　HID BOOKS
　　　　　〒386-1323
　　　　　長野県上田市本郷1524-1
　　　　　TEL／FAX 0268-38-0063
　　　　　URL http://www.hid2001.com/
　　　　　E-mail samurai@samugaku.com（ご意見・ご感想はこちらまで）

発　売　　サンクチュアリ出版
　　　　　〒113-0023
　　　　　東京都文京区向丘2-14-9
　　　　　TEL 03-5834-2507　FAX 03-5834-2508

デザイン　小山悠太（koyama@einband.net）

印刷・製本　株式会社 シナノ パブリッシング プレス

無断転載・転写を禁じます。落丁・乱丁の場合はお取り替えいたします。
©Hidetaka Nagaoka 2018 Printed in Japan
ISBN978-4-86113-704-4